内田 繁

普通のデザイン

日常に宿る美のかたち

工作舎

はじめに

はじめて海外で茶室を発表したのは、一九九五年四月、ミラノの「スパッツィオ・クリツィア」でした。この茶室展を通して日本固有の「方法」を探りたいと考えて行ったものでした。茶室は十五世紀にその姿をあらわし、多くの意味で日本のコスモロジーの系として体系化されたものです。そこには、「人と人との関係」「人と共同体との関わり」「人と自然との関係」などを相対化し、建築・空間・道具・衣服・身振り・食など多様な関係を示しました。それら総合的なメソッド（方法）は、十九世紀以降の近代と呼ばれた日本の社会の系のなかにおいて、埋没してしまったかにみえるのですが実際今日の社会生活において、しばしば立ちあらわれ、民族固有の文化の記憶としてすりこまれたものでした。

「方法の記憶――変化・微細・いま」と題した茶室展は、茶の湯を通して今日社会に埋没してしまった日本固有のメソッド（方法）を探り出したいと考えて行ったものでした。私は「茶の湯」を単なる伝統的な固有文化とは考えず、ある種の今日文化を考えるためのメソッド（方法）として捉えています。さらに日本固有の概念が日本という限られた地域だけのものなのか、それとも、世界という場においても価値あるものなのかを探りたいと考えたものでした。もし価値のあるものだとしたならば、それは二十世紀社会がつくり出した構築的で固定的、画一的で変化の少ない文化に対する対立概念だと考えています。

この展覧会はオープニングパーティーに六〇〇人ぐらいの人びとが参加して行われました。多分ミラノでははじめての茶室展でしたので、戸惑いながらも、さまざまな経験したことのない環境はかなりの刺激を与えたようで、一週間行われた展覧会はオープニングにも増して日に日に人は増え続けてきました。

はたしてどれほど伝わったかは疑問でしたが、それでも空間の微細さ、繊細さは普段感じることのない環境として、異なった感覚を与えたようです。また変化に富んだ自在性、そこから生まれる瞬間の美などは今日社会のメソッドにないものとして、どうやら人びとを刺激したようでした。それでも実際、茶室に坐るという身体感覚、靴を脱ぐという行為はどうもなじめないようで、ただ体験するだけ、見るだけでは理解されないと考えて、ミラノ工科大学で行った講演が「方法の記憶──変化・微細・いま」でした。日本の根源的文化、日本のメソッドを掘り下げていくと、今日文化が失ってしまったさまざまなものがみえてきます。

その後、茶室展は時期を同じくしてヨーロッパ各地を巡回することになりました。デンマークのルイジアナ・ミュージアムを皮切りにフィンランド、スウェーデン、ノルウェーさらにオーストリーのウィーンそして、年を隔てて、ドイツ各都市、ハンブルク、ミュンヘン、フランクフルトそしてワイマールのバウハウス大学といった具合に行われ、この茶室が東京に戻ってくるまで三年待つことになりました。

各地で行われた茶室展では、時間が許すかぎり講演も行いました。そうした際、多くの人びとが日本文化の根源的性格をもっと知りたいと希望するので、その後「森林に覆われた風土——日本のデザイン・コンセプト」という講演も行うことになりました。

本書はそうした講演録として、日本文化の根源性にふれるものと今日文化との対比について講演したものを収録しました。

第三章では「弱さのデザイン」をとり上げましたが、今日こそ「弱さのデザイン」についてもっとも考えなくてはならない時期にさしかかったと考えたからです。二十世紀は「弱さ」を克服して、強さ、強い社会に向かった時代でした。そしてその強さは二十世紀後半になると構築的で、規範的、固定的で自由度の少ない状況を生み出しています。しかし人間はそう強いものでもありません。移ろいやすく、気まぐれで傷つきやすく、脆いものです。そうした人間をとり巻く世界は近代の理念とは大きく異なっています。この点を考えてみたものです。

この講演は二〇〇六年二月に南アフリカ、ケープタウンで行ったものです。「INDABA」という世界最大規模のデザイン・カンファレンスで行ったものでした。ヨーロッパはもとよりアメリカ、アジアなど世界中のデザイナーが六〇〇〇人近く参加し、世界を代表する四〇〜五〇人ほどのデザイナー、研究者がスピーチを行います。こうした世界を巻き込んだ大きなカンファレンスははじめてだと考え、「弱さのデザイン」を講演しました。多くのデザイナーはあまり興味を抱かないだろうと思ったのですが、これほどたくさんのそしてさまざまな人びとが集まる会もそう多くはないと考えて、行うことにしました。

結果、私自身が驚いたのですが、多くのデザイナーの賛同を得ることになりました。そこで気がついたのは、たとえ地域・民族・生活が異なっていても共通して感じることはあるのだということでした。

「弱さのデザイン」とは日本の文化の根源的性格としてみられるものです。そう考えると、ここに収録した、四つの講演は、すべて共通したものを対象としたものだといえます。

普通のデザイン　［目次］

第一章――

森林に覆われた風土――日本のデザイン・コンセプト

第二章

方法の記憶――変化・微細・いま

第三章

弱さのデザイン——ウィーク・モダニティ

第四章

普通のデザイン——時間・空間・記憶・自然

第一章

森林に覆われた風土

日本のデザイン・コンセプト

シカゴ美術館［アメリカ／'98］
アルヴァ・アアルト美術館［フィンランド／'98］
APSDA'98［マレーシア／'98］
札幌大学［'99］
HDK大学［スウェーデン・ゴーテンブルグ／'99］
バスク大学［スペイン／'99］
バウハウス大学［ドイツ／'99］
ソウル芸術大学［韓国／'00］
香港デザイナーズ協会［香港／'02］
CONTRACT + DESIGN asia 2003［中国・上海／'03］
その他での講演をもとに編集

日本の現代デザインの固有性

私はことさらに日本文化を意識してデザインしたことはないのですが、多くの外国のジャーナリストから、「ウチダの仕事はきわめて日本的である」といわれてきました。日本固有の伝統的素材、たとえば畳とか障子のようなものを使っているわけでもありません。それでも私のデザインは日本的に見えるようです。

日本のデザイン教育は、私の時代でもアメリカやヨーロッパと同じように近代社会におけるデザインのあり方を背景にしたものでした。したがって私は、欧米のデザイナーと同じような文脈でデザインしてきたつもりなのです。

たしかに日本のインテリア・デザインは、私のデザインにかぎらずきわめて特徴的であるといえるかもしれません。日本に暮らしている私たちが自覚することは少ないのですが、多くの外国のジャーナリストは、きまって「日本のデザインの固有性」について語ります。いわれてみればここ数年、海外に紹介される日本のインテリア・デザインの多くは、他の国のデザインに比較して特徴的であることを認めざるをえません。

だとしたら日本的なものとはいったい何なのか……、それはなぜ日本的であるのか……、これは私たち自身にとってもきわめて興味深い問題だといえます。しかしよく考えてみますと、イタリアのデザインはきわめてイタリア的であると私は感じますし、またフィンランドのデザインはフィンランド固有の文化に根ざしている、すなわちスオミ的であると感じます。デザインが、地域それぞれに固有的であり特徴的であることは、世界的にみても当然のことであるようです。

しかし一方で、私たちの生活は「近代デザイン」によって包囲されています。近代デザインの基本的特性は、インターナショナリズムに示されるように無国籍性にあります。インターナショナリズムは暴力的といっていいほど強力な力を持ち、中近東の砂漠やアフリカのサバンナのなかに突然のように近代ビル群を出現させてきました。近代デザインは、あらゆる「文化的、地域的偏差」に対し、フリーパスを持っているかのように振る舞ってきたわけです。

ミルチャ・エリアーデの言葉を借りるなら、「近代合理主義」は、科学技術、工業主義が持つ論理の客観性を普遍的価値として、地域や民族の固有文化、歴史、慣習、伝統など、人びとが慣れ親しんだものを「象徴的な過去の体系」と切断し、偽装し、価値の下落を仕組んできました。しかし実際には、それら文化の系を根だやしにすることはできなかったのです。

今日どれほどテクノロジーが発達しようと、どれほど情報化によって世界が一元化しようと、デザインは地域や民族の固有文化、伝統の上に成り立っています。それは多くの国が今日においても「固有の生活」を営んでいることのあらわれでしょう。もとよりデザインとは、そのような生活のためにあるものです。

靴を脱ぐ文化と坐る文化

あらためて考えてみると、日本人の生活はきわめて特殊だといわざるをえません。それは今日においても、相変らず家のなかでは靴を脱ぐという暮らしぶりに象徴されます。はたして、ほかの世界のどこの人びとが家のなかで靴を脱ぐ暮らしをしているでしょうか。

古来、日本人は家を「聖なる空間」と考えてきました。「聖なる空間」へと向かうときの通過儀礼は、身を清めることと靴を脱ぐことです。靴を脱ぐ暮らしは、床に坐る暮らしでもあります。私たちにとって「床に正しく坐る」ことは、精神の安定をつくり出します。現在ではこうした行為の意味的背景は薄れたものの、過去から継承された習慣は、「文化の記憶」として私たちの生活のなかに生き続けています。

たとえば外国の友人と日本料理屋へ行くと、友人はどこで靴を脱ぐのか戸惑います。入口で脱ぐものなのか、上がり框《かまち》の前で脱ぐのか、それともそのまま上がってなかで脱ぐのかと迷うわけです。私たちは、たとえ子どもでも戸惑うことはありません。ことさら考えるものではなく、習慣として身についたものです。固有文化とはそうしたものであり、伝統文化は意識されないままに継承されているのです。そしてこのような固有文化は、それぞれの「風土」のもとに生まれたのだと思います。

「歩く文化」と「坐る文化」の比較文化論においては、じっと坐して感覚レベルに留まろうとする認識方法は、「森林に覆われた風土」の産物であり、立って歩きながら現実を動的に抽象する認識方法は、「砂漠の風土」から発生したものである、と指摘されます。そして前者は「仏教的」であり「坐俗的」であって、後者は「キリスト教的」であり「立俗的」であるといわれます。

私たち日本人はものを考えるとき必ず坐ります。人と話し合うときも坐ります。坐らないと思考が安定しないのです。しかし私の友人のアルド・ロッシは、考えるときは決まって街を歩きます。ミラノの街をうろうろ歩きながら考え、話し合うのです。私はいまここで立って話をしていますが、私にとって「立って話す」ことは実に不安なものなのです。

仏教的世界観と日本固有の風土

日本の文化は、「森林に覆われた風土」の認識方法である「仏教的世界観」と、日本固有の「風土」のもとで育まれてきました。日本の風土は「モンスーン型森林地域」の特性をもつものであり、年間を通して降雨量が多く、春夏秋冬の季節がはっきりしています。春から夏にかけての「高温多湿」は草木を育て花を美しく咲かせますが、一方でハエ、カ、ノミ、シラミなどの害虫も大量に発生させます。

「家は夏をもって旨とすべし」と綴った吉田兼好の住宅観は、すなわち「夏に発生する湿潤な空気は病気を生み、すべてのものを腐りやすくする」ので、風通しのよい住居こそ日本の家のあるべき姿である、とするものです。冬の寒さは衣類や囲炉裏《いろり》などの暖房の道具によって耐えることができますが、夏はそうはいきません。日本各地で見られる「夏越《なごし》の行事」たとえば祇園祭などの行事は、そうした厳しい夏を迎えるにあたって疫病から逃れるための、呪術的な儀式なのです。

「モンスーン型森林地域」の文化は森と山に囲まれた世界で育まれました。季節の微細な変化をとらえ、動物や植物との一体感をもちながら洗練されてきました。そうした風土に生きる人びとの意識は、「大地に身をまかせ、抱《いだ》かれ、一体化したい」といった無意識の願望をはらんでいます。大地に甘え、共感し、寄り添う姿勢こそ、ごく自然な坐俗の生活であり世界観です。決して自然と戦うことはありません。

また「立俗」のように計画的にものごとを行うという意識は乏しく、瞬間を感覚的にとらえるという生き方をもたらしました。こうした思考の態度はまた、「日本のカミ」のあり方にも、日本人の「死生観」にもよくあらわれています。

日本人の死生観

古代の日本人は、ものごとを考えるとき、それを日常の身のまわりに見ることのできる現象や事物に当てはめてきました。彼らにとってもっとも身近なものは、彼ら自身、すなわち「人間」そのものです。そして「太陽」や「地上の動植物」でした。天象、地象、人象を観察し「坐俗固有」の感覚レベルで認識し、連想し、類推します。そうした日本古代の呪術的「死生観」は、日々の太陽の運行を観察し、擬《もど》くことから生まれたものです。「太陽は東から生まれ、西に消滅する。そして朝には復活をはたす」という日々の出来事から、東を「過去」、西を「未来」とするような、生命を東西軸でとらえる見方が生まれます。「未来」、つまり西は、死の世界です。時間の経過とは、死に向かうものでした。西に沈む太陽が復活・再生するのは、なぜか「太陽の洞窟」を西から東に抜けることによるのだと考えられてきました。つまり、いったん「穴」にこもることによって復活・再生するとしたわけです。

永遠の生は、多くの民族が求めた願いです。たとえば中国では不老長寿のための神仙術が生まれ、西洋では錬金術が育まれました。ならば日本人は、何を考えたのでしょうか。「いま」という時間を止めることができないものかと考えたのです。それは「永遠のいま」をつくり出すことでした。

生命を東西軸でとらえ、東を「過去」、西を「未来」とするなら、その中間は「いま」という時間になります。この「いま」という時間と空間を積み重ね、時間の流れをとどめようとしたわけです。もし太陽が「穴」にこもることによって、復活・再生をはたすなら、「いま」という瞬間の「穴」をつくり、そこにこもることにより、太陽のように再生をはたせるのではないかと考えたわけです。

人の誕生は、約十か月にわたる母の胎内でのこもりのときを経ます。したがって「いま」という時間の「穴」は、母の胎内に似た「仮屋」をつくることで代用されます。つまり、胎児が母の胎内から新生するのと同様に、「仮屋」にいったんこもることにより、生命が更新されると考えたわけです。そして「仮屋」の存在は、日本固有の空間概念である「仮設空間」の重要性をのちのちまで伝えることになります。

かつて多くの民族は、蛇を「カミの化身」として信仰していました。エジプト、インド、メキシコ、アジアなど多くの例がありますが、日本もその例外ではありません。蛇の生態で際だって精妙なものに、「脱皮」があります。蛇はまるごと脱皮し、生命の更新をはかります。このように古い殻から抜け出し復活する一連の生態は、「仮屋」をたてて、そこにこもり、復活・再生する儀式と重ね合わされます。

こうした呪術的行為の一つに、新生児をまず「産屋」という疑似母体にこもらせることがあります。そして成長につれて、人生途上の重要な時期にはふたたび「産屋」に似た「仮屋」にこもり、生命を新たにします。たとえば結婚に際しては「新居」が設けられます。このような「仮屋」は、つねに新しいものでなくてはなりません。そして行事が済み次第、いち早くとり壊され、空間はもとの日常の場へと帰ります。「仮設空間」は、このような瞬時の転換を必要とします。定着しないことが、「聖なる空間」を際立たせるからです。

マレビトとしてのカミ

日本文化、そして日本の空間の特性は、日本古来のカミのあり方にも強く影響されています。日本のカミは、その当初、肉体と個性を欠落した不可視のカミ、気配としてのカミでした。ギリシャ神話やヒンドゥー神話においては、日本と同じ多神教ではあっても、神は肉体も個性も発揮します。ゼウスは老人神、アポロは青年神、キューピットは童子神でした。「古事記」や「日本書紀」には人格神が登場しますが、もともと日本のカミは「マレビト」であり、外側からやって来る「あるもの」でした。外側とは、日本人が海の彼方に想像し続けた「常世《とこよ》」であり、異界としての「山」です。

カミを迎えるためには、「ヒモロギ」（神籬）のような「仮設空間」をもうけます。四方に柱をたてそのまわりを「注連縄《しめなわ》」などで囲み、結びます。その場所は「注連縄＝ヒモ」の呪術により聖なる空間となります。このような「仮設空間」のあり方も、日本の空間の重要な特性の一つです。

注連縄で結ばれた内部空間は、何もない「空《うつ》」なる空間です。そこには「結ぶ」という観念だけが存在します。ヒモロギには、カミを迎えるための「ヨリシロ」(依代)という「標《しるし》」のようなものが設けられているだけです。「標」には「榊」などの常緑樹が用いられます。そしてカミは、このヨリシロに向かって来臨します。

このような場を、古来の日本の言葉では「ウツ」であるといいます。

「ウツ」は、からっぽ、「空・虚」を意味します。「ウツワ」と同根の言葉でもあります。器は何も入っていないがゆえに、何かによって満たされます。すでに満たされているなら、新たにものを入れることはできません。「ウツ」もまた何もないがゆえに何かで満たすことができます。また「ウツ」は、「ウツロヒ」の語源です。「ウツロヒ」はさらに、「ウツル」=移る、「ウツス」=映す、「ウツシ」=写しへと展開します。「移る」とは変遷すること、固定化されないこと、「映す」は光や影が映し出されるように、別の何ものかを映し出すことです。そして「写し」とは「映し」出されたものを何らかの方法で定着させることでした。これらの言葉は「ウツ」という空虚なものがもつ、自在な可能性を示しています。

日本では、空間はつねに「ウツ」の状態にあることが望ましいと考えられてきました。「ウツ」は何かに満たされたとき、または何かが起きたとき、その姿をあらわします。突然、「顕現」するのが日本の空間の本質です。「ウツ」なる空間に何かが「ウツロヒ」、そして「ウツツ」（＝現）、すなわち現実が生まれます。つまり日本文化においては、現実とは何もないところから生まれるものなのです。日本における空間は、「デザインに先行するもの」や「形の固定化」ではなく、「ウツ」という枠組みだけが存在し、何かの行為や行事とともにその姿が立ち上がるものなのです。

日本の「仮設空間」は、カミの場、あるいは生命の復活の場でした。「仮設空間」はその自在な仮設性によって、どこにでも出現します。仮設することで、つねに新しいものとして存在します。日本の空間が固定化を嫌うのは、それは固定されたときから腐り、朽ち果て、死を迎えるからなのです。

これは「いま」という時間と空間を大切にする考え方によるものでもあります。こうした生活態度は日常空間にも色濃く反映されており、日本人の空間のとらえ方として今日まで生き続けています。

外来文化との共生

たいていの日本の建築様式は、大陸建築の影響によって成立してきました。飛鳥・奈良の建築もそうでしたが、鎌倉時代に導入された禅宗様《よう》も大仏様《よう》もそうした大陸の影響によるものです。しかしそうはいっても、日本人がとり入れた建築ですから、まったくの中国建築そのままではありません。そこには日本的な選択とアレンジ、つまり和風化（国風化）がありました。

大陸建築は、西洋建築と同様の土間式の建築です。つまり土足であって椅子とテーブルの生活様式です。日本人はこれを最初は面白がって採用するのですが、瞬く間に建築に床をつくり、坐式生活に適した建築にアレンジしてしまいます。ただ単に床をつくってしまうのでは美しくないので、平安期まで時間をかけて、ゆっくりとなじませます。やっと日本的なものになった頃、中世には禅宗様式の美しい建築が登場します。これもまた室町時代まで時間をかけて床をなじませます。よく京都の大徳寺などで縁に坐って庭を拝見していますが、床があることでわかるように、あの建築は国風化されたのちの禅宗様式です。

その後の外来文化の導入は明治期の西洋文化でした。明治政府は新たな国づくりのために西洋化と近代化を推進します。それは「富国強兵」のためでした。国が豊かであって強くないと、アジアの近隣諸国のように植民地化されるのではないかと恐れていたからです。そのために「殖産興業」と「産業振興」を、近代化のもとで行います。しかしこの時期の近代化は、世界的にみても当然のことではあります。日本は早い方でした。しかし日本はさらに西洋化も目標とします。西洋化とは、椅子とテーブルの暮らしです。これがその後の文化に混乱を招きました。

日本は明治以降今日まで、生活の二重構造を引き受けることになったのです。日本の外来文化との共生は、六世紀から二十世紀にいたるまでつねに椅子坐と床坐との共生であったといえます。

つぎに、森林に覆われた風土の民が生み出した「坐る文化」、そしてそこから生まれた「死生観」、さらに「日本人のカミのとらえ方」が、その後どのような空間を生み出していったのかを検討してみたいと思います

日本における空間の特性

●――床の重視

日本の建築の特性は、坐る生活を前提としてかたちづくられたものです。建築が床を持っているといい替えてもいいでしょう。建築が床を持つなどというと、多くの人は不思議に感じるかもしれません。どのような建築も、床がないことなどは考えられないからです。しかしここで私たちがいう床とは、地面から離れたところに設けられた床を意味します。つまり、地面と床とのあいだに空気の層があるわけです。これは湿潤な「モンスーン型森林文化」ならではの建築であり、床下の空気の流通を考えたものでもあります。

しかし、気候や風土だけが建築のかたちを決定したわけではありません。坐俗固有の生活感によって、床を地面からいったん切り離し、「聖なる存在」としたのです。したがって床に土足で上がることはなく、「沓脱《くつぬ》ぎ」が行われます。イスラム文化圏、インドの寺院、さらにキリスト教文化においても、「そこは聖なる場だから土足で入ってはならない」とされることがあるように、沓脱ぎは、聖なるものに向かうときの行為です。そして私たちは、今日においても家に入る際には沓脱ぎを行います。

前に述べたように、日本の文化は外来文化との共生によって生まれました。多くの外来文化を導入し、時間をかけて日本の文化になじませてきました。その代表的なものが建築に床を設けることだったのです。

●――仕切りの構造

日本の文化のもう一つの特性は、建築空間の仕切り方にあります。一般に建築空間にみられる「仕切りの構造」は、地域や民族の固有的文化のあり方を明瞭にあらわします。たとえば西洋建築の部屋は、強固な壁によって仕切られています。日本との文化的差異について、十六世紀に来日したポルトガルの宣教師ルイス・フロイスは、『日欧文化比較』で「われわれの室の仕切りは、石と石灰または煉瓦でできているのに、日本の仕切りは紙と木である」と綴っています。建築にかぎらず西洋の都市は、城壁などによって強固に仕切られています。恒久的で「強固な仕切り方」が、西洋のやり方だといえます。

しかし日本の仕切りは、きわめて「装置的」です。「柔らかな仕切り」ともいわれますが、「認識としての仕切り」でもあります。たとえば、生垣、籬《まがき》、門、敷居、襖《ふすま》、障子、格子、暖簾、衝立《ついたて》、などのように物理的防御性の少ないもので部屋と部屋を分割し、分離します。これは意識、認識としての仕切りだといえます。家の周辺は常緑樹などの生け垣で簡単に仕切られ、家そのものも簡単な建具などで仕切られるだけです。故意に押し入ろうとするなら、実に容易に侵入することができます。しかし私たちの生活文化では、決してそのなかに押し入ってはいけないことになっています。つまり日本の家は、聖なる空間「アジール」として人びとの暗黙の了解の上に成立しているのです。

日本人が考える家の防御は、見知らぬ人の侵入に対するものではありません。「未知なるもの」、つまり悪霊、怨霊などの見えない何ものかから身を守るものです。そして「聖なる空間」をつくります。そのために、さまざまな呪術的行為がなされます。たとえば常緑樹の生け垣も、アジア一帯に広がる照葉樹林文化圏では、青く照った葉に呪力があると考えられていることによるものです。

こうした文化的背景には、やはり風土としての「モンスーン型森林」が色濃く反映しているのでしょう。そこには「大地に甘え、共感し、寄り添う」という自然観が生きているわけです。一方、空間を強固に仕切ると、高温多湿な環境では空気の流通を妨げ、ものを腐らせ、病気を生む原因にもなります。こうした「気候の特性」と「坐俗としてのコスモロジー」が絶妙に融合しあった形態が、日本固有の仕切りの構造をつくり出したのです。

●――仮設文化

日本における「仕切りの構造」は、意識的・認識的なものでした。決して物理的な仕切り、強固な仕切りではありません。そうした意識的・認識的な空間構成は、多くの仮設的空間をつくり出します。

たとえば、毎年五月十一日、十二日の二日間にわたって行われる奈良、興福寺の薪能は、野外につくられた舞台で演じられます。かがり火が焚かれ笛鼓が夜空にこだまする神秘的な世界は、仮設空間ならではの美の世界をつくり出します。大和四座、すなわち金春、金剛、観世、宝生の各流派が自然のなかで神とともに舞うのですが、それは非日常空間だからこそ生まれる超越した世界です。舞台はその日のためだけにつくられる仮設のものです。一段高く芝生が敷かれた場の四隅に青竹を立て、注連縄が張られます。そして台座としての敷板がすえられて「結界」が設けられます。こうした神事にともなう舞台は、日本文化のもっとも象徴的なものの一つ、仮設性にもとづいています。

さらに茶の湯には「野だて」という様式があります。これは自然のなかで行われる茶会ですが、地面に一枚の敷き物を敷くだけで茶会が行われます。この場合、敷き物は仮設の茶室です。たった一枚の敷き物が建築を表現します。これは明らかに意識的空間として存在するものです。そして茶会が終わると、その場はもとの自然に戻ります。

日本文化の重要なキーワードは、「いま」という時間と空間です。「いま」は、水の流れのように澱むこともなく、また汚れることもない瞬間なのです。日本の文化が強固な構築性を嫌うのは、ものは構築された瞬間から、朽ち果て、汚れはじめると考えるからにほかなりません。仮設的行為とは、そうした人間の心をあらわしたものです。こうした文化の背景には、前に触れたように、日本の神々のあり方があります。

●――水平の感覚

「坐る文化」と「靴を脱ぐ文化」は、日本の空間感覚に多くの影響を与えました。坐ることによって生まれる空間への「まなざし」はインテリア・デザインへの視線を下げ、その視点から生まれるデザインはつねに「水平を強調」したものとなりました。よく西洋的空間と日本的空間との違いは、「垂直的空間」と「水平的空間」との違いであるといわれます。たとえばシェークスピアの舞台は「遠近観」を必要とします。そのためには舞台空間には奥行と高さが不可欠です。しかし「歌舞伎」などの日本の舞台空間は、遠近観よりも一望に眺めわたせることが要求されます。そこでは「水平性」が重要となります。

このような「水平感覚」を生み出したのは、「意匠の直線性」です。日本のデザインの固有性は、その直線性にあると思われます。それは日本建築が徹底的に木造であったこととかかわっています。建築史家の伊藤延男は、そこで主体となった木の種類が、檜《ひのき》や杉のように、木目のよく通った割りやすく加工しやすいものであったことに関連があると述べています。このような直線性は、鉄の工具が伝えられた弥生時代以来のものです。装飾性の少ない住宅建築において、その直線性そのものを意匠にまで高めたのが日本のデザインだといえるでしょう。そしてそのデザインとは、どこまでも広がる水平感覚とともにあったのです。

日本の住居の開口部は、高さよりも広がりが重視されています。坐して眺める庭は常に水平に広がります。そして床に坐る暮らしでは、直接的に建築素材と肌が触れ合います。日本のデザインが、今日においても素材に対して異常なまでに敏感なのは、そうした生活観によるものでしょう。

●――空白の領域

日本の空間を特徴づけているものに、「空白の領域」という概念があります。空白の領域とは、何にも属することのない無縁の空間です。空間とは本来、何かと何かを分離し、それらを仕切り、囲ったものです。

何を分離し、何を囲うかは文化の文脈によって異なりますが、ともあれそこには、閉ざされた「内部」と排除された「外部」という二元的世界が生まれます。日本の家が仕切られたのは、外敵の防御のためよりも死や悪霊、怨霊のような見えない何かからの呪術的な防衛のためでした。そして、そうした内と外とのあいだにもう一つの空間、無縁の空間としての「空白の領域」をつくり出しました。この第三の空間である[空白の領域]という発想こそ、日本の文化の大きな特性となっているのです。

日本の住居では外部空間である「庭」との関係が重視されています。日本の伝統的家屋はすべて庭に向かって開放されていました。今日そうした家は、かぎられたものになりつつありますが、日本人の深層心理には、いまだにそうした住居への憧れがあります。

庭に向かって開放された場には、「縁側」が設けられます。この「縁側」の存在が日本の空間特性を際立たせています。「縁側」は、家の内部から外部にはみだしたテラスのようなものです。しかし、西洋建築のテラスと異なるのは、沓脱ぎの空間、つまり内部でありながら外部でもあるところです。

日本の内部空間を規定しているのは、沓脱ぎの空間であることです。日本文化にとっては沓を脱ぐ場は、聖なる空間、内部空間を示しています。しかし「縁側」は沓脱ぎの空間であるとともに、雨風を防ぐことのできない外部の空間でもあるわけです。いってみればどちらにも属さない空間、「空白の領域」です。この「縁側」というネーミングにも意味深いものがあります。仏教用語の「縁起」や「因縁」にも通じ、そこで何ごとかが生起する空間であることを暗示しています。

日本人の世界観は、つねにAにもBにも属すことのない曖昧な領域をつくり出してきました。それはすべてを白と黒とに分けないこと、中間領域を設けることでもあります。こうした「空白の領域」、中間領域は日本の文化、芸能の展開にも大きくかかわっています。

内部から外部にせりだした場は、より自然に近づいた場だともいえます。

自然と深く接触し、ゆったりしたときの流れのなかで自然と交流することは、物質を越えた「余情の美」、何にもとらわれない「心の世界」の発見をもたらしました。万葉文学に示された自然との融合は、「はるかにけぶる野山の風景」「村雨すぎる秋の午後」「前栽の虫の音に耳を傾ける」「夜にぬれることなく十六夜の月」など、自然と一体化する豊かな感情を生み出しました(伊藤ていじ)。「四季を感じ」「自然を感じ」て生きることは、日本人の生活の基本でもあります。そのようななかから生まれた空間観は、日本人の深層心理に生き続けており、現代の生活にも、しばしばみいだすことができます。

また空白の領域の例は、「茶の湯の露地」や「神社の参道」などにもみることができます。日常の俗なる世界から聖なる場へと向かうための空間です。人の心を静寂にし、日常の雑念を払い、無心の境地をつくるための空間・領域です。これらは、内にも外にも、また聖にも俗にも属することなく、非A、非Bの空間として、何かと何かをつなぐ空間として、日本文化のさまざまな観念を生み出してきました。

こうして、日本の文化の根源的性格を考察してみますと、「靴を脱ぎ床に坐る」暮らしぶりも、東を生、西を死と生命を東西軸で考える「日本人の死生観」も、「マレビトとしてのカミ」のあり方も、モンスーン地域の風土、森林に覆われた地域の固有性によるものでした。森林文化は凹型文化を生み出します。山のふところの受容的空間に文化の中心を生み出しました。

これを「まほろば」といいます。桃源郷のイメージです。古事記には「大和は、国のまほろば」と記されていますが、老子によれば「谷神、死せず、これを玄牝《げんぴん》という」となります。谷神とは低さ、くぼみ、卑しさ、おくれなど消極的で否定的な外観をいいますが、これがかえって豊かな生命力、生産力、想像力の条件であるとしています。消極的凹型文化の創造的意義は、受容的で女性的で抱擁的なところにあるのです。こうした文化は、山川草木、日月旦辰すべてが神となると考える文化でもありました。あらゆる生きものと一体化し、季節の変化、微細な気候すべてに親密感を感じるものです。

こうした文化が日本の空間の特性をつくりました。認識的で非固定的な「仕切りの構造」も坐俗固有のものでした。「仮設空間」にみられる認識としての空間、坐る文化が育んだ「水平の感覚」、そして聖と俗、未知と既知、彼岸と此岸、生と死などをつなぐ「空白の領域」など、日本固有の空間を生み出したのも、モンスーン地域の森林的性格によるものです。こうした文化は、すべて観察にもとづいたものであり、今日のデザインにも生きていると同時に、日本の現代デザインを特徴づけています。

デザインにとって、もっとも大切なのは観察だということができます。

第二章

方法の記憶

変化・微細・いま

桑沢デザイン研究所[’94]
ミラノ工科大学[イタリア/’95]
ASPAT ’96 MANILA[フィリピン/’96]
名古屋国際デザインセンター[’00]
東京造形大学[’01]
バウハウス大学[ドイツ/’01]
ジャパン・ソサエティー[アメリカ・ニューヨーク/’03]
その他での講演をもとに編集

日本固有の方法

私が茶室について考えはじめたきっかけは、西洋の空間と日本の空間とのあいだに大きな隔たりを感じたことでした。それは、どちらが優れているのかという問題ではありません。情報化が進んだ現代社会においても、ヨーロッパのデザイナーが生み出すものと私たち日本人デザイナーのつくり出すものとのあいだに微妙な差異が生まれるのはなぜか、という疑問から発したものでした。

どのような地域においても社会は共通した問題を抱えているにもかかわらず、もし日本のデザインに特殊性があるのなら、日本人が求める空間感覚と西洋の空間感覚とのあいだに微妙な違いがあることによるのだと思います。それはとりもなおさず、生活文化の違いが空間にあらわれているからにほかなりません。情報化社会においても、あいかわらず文化は固有的なのです。

ここ数年、海外での講演、シンポジウムに参加する機会がにわかに多くなってきました。これらに共通したテーマは、今日の社会が生み出したデザインがはたしてのちの時代にまで継承されうるのかというものです。

そこには、近代が無視しつづけた地域や民族の固有文化を、あらためて見据えるという姿勢が垣間見られます。そうした文化の固有性、そこから生まれる人間固有の感覚などを検証し、未来に向けて人類の共通したデザインを生み出すことができないだろうか、という希求のようなものを感じます。

私は、日本固有の方法が日本だけの閉ざされたものなのか、あるいはそれが人間の未来の秩序をつくりだす有効なメソッド（方法）となりうるのかを検討してみようと思いました。それは、二十世紀社会が見失ってしまった「人間の心と空間」とのかかわりを考えることでもありました。

ここでは茶の湯を通して、今日社会に埋没してしまった日本固有のメソッドを探りたいと思います。私は「茶の湯」を単なる固有の伝統文化とは考えず、今日の文化を考えるためのメソッドとしてとらえます。それは二十世紀社会が生み出した構築的で固定的で画一的な文化への対立概念ともなりうるものです。

まず「茶室」とは何かを説明する前に、「茶の湯とは何か」について考えてみましょう。茶を飲むという行為は、多くの国において行われています。休息、癒し、精神の安定という効用もある日常的行為です。イギリスをはじめとして、ヨーロッパ諸国にも古くからお茶の時間というものがあります。しかし、ここでいう「茶の湯」とは、日常的な喫茶習慣とは異なり、ある種の形式、儀式にのっとって行うものを指します。

「茶の湯」とは何かを、正面から考えることは、そう簡単ではありません。このテーマは、茶の湯という形式が生まれた十五世紀から問われつづけてきました。岡倉天心は『茶の本』(The Book of Tea)で、「茶の湯は日常生活のなかにある美しきものを崇拝することに基づく一種の儀式である」と述べています。これは茶の湯を考える上で、きわめて重要な視点だと思います。一般に茶の湯の行為とは日常を離れた特殊な出来事、とぎすまされた精神から生まれるある種の瞑想に近い状態を体感するもの、あるいは超越した美の世界と出会うものなどと、非日常的世界を連想するのがつねです。しかし私は、茶の湯こそ「日常と非日常との境界」に位置するものだと考えています。岡倉天心のいうように、茶の湯が日常の美しきものを引き出し、その行為を崇拝して組み立てられたとするなら、そこにこそ今日に繋がる意味をみいだすことができるはずです。

茶の湯で大切なのは、「主」と「客」で行われるということです。そこには「招く人」と「招かれる人」がいます。そしてそこには「招く人の心」と「招かれる人の心」があります。人の心のありようが茶の湯を通して深められていきます。茶の湯は二度とない「いま」を大切に考え、「主」と「客」が相互に深い交流を行います。そして「客」は、「主」の日常のなかにあらわれた「マレビト」でもあります。「茶の湯」とはけっして非日常的なアナザーワールドではなく、日常と非日常の境界に位置し、それらを継ぐものではないでしょうか。

茶の湯という行為は、「人と人とのかかわり」、「人と自然との関係」、そして「人の生きる意味」などを深く考え、互いの存在を認め合い、より深い心の交流を生み出すためのメソッドだといえます。そして何よりも静かに坐って自分をみつめる機会でもあり、また、人間が自然の一部であることを認め、自然とともに生きていくものであることを自覚するものだともいえます。そしてこうした行為は、「茶室」という空間を通して行われます。

今日、茶の湯は伝統的で、歴史的で、過去の象徴的な体系だと思われていますが、私は、現代の社会にこそこうした茶の湯のメソッドが必要だと考えて、「茶室」をつくり続けてきました。無論、私がつくる「茶室」ですから、かつてのものとかたちは異なります。今日の生活に即して翻案したものです。しかし、「茶の湯」の精神はいささかも変るものではないと考えています。

「殿中茶の湯」から「わび茶」へ

「茶室」とは茶を飲むための特別な空間です。茶室がその姿をあきらかにしたのは、十五世紀末、室町時代の村田珠光にはじまります。村田珠光はそれ以前の将軍の茶、「殿中茶の湯」の豪華な茶に対し、「わび茶」を提示します。

記録によれば、中国から日本に「茶」が最初に伝えられたのは九世紀のことでした。このときの茶は、固形の「団茶」と呼ばれるもので、おもに貴族たちのあいだで飲まれていました。「抹茶法」は、十二世紀前後に、栄西禅師によって中国からもたらされたとされています。当初は仏教寺院を中心に薬用として珍重されますが、十四世紀になると一般にも飲料として普及しはじめます。とはいっても貴重なものですから、あくまでも貴族、武家、僧侶、裕福な町人などの寄合において、珍しい飲みものとして流行していきます。

「殿中茶の湯」とは、室町将軍の行った茶の湯の形式です。「唐物」のような中国から輸入された貴重な道具や美術品の鑑賞を中心に展開されました。室町時代を通して、それらの美術品の選定、飾り方などが体系化されていきます。十四世紀から十五世紀にかけては、そのための新しい建築、「会所」といった茶の湯のためのサロンが生み出されます。これはその後、「書院造」という日本を代表する建築様式を誕生させるもとになりました。そうした美術品鑑賞のための茶の湯、宴会の一手段としての茶の湯、娯楽性の強い茶の湯に対して、村田珠光は「茶禅一味」、すなわち茶の湯も禅も同じであるという、精神のための茶、「わび茶」の概念を提示したわけです。

茶室という建築

「茶室」は、「数寄屋」とも「草庵」とも呼ばれる質素な建築です。数寄屋は空の家と書いて「空《す》き家《や》」とも表現されます。日本の室内の特性は「空《ウツ》なる場」です。その空なる室内にさまざまな道具を置いて、自由な変化をつくり出します。「空なる場」は何の特性もない無の空間であり、必要に応じてさまざまな変化、「とき」と「場」がつくり出されます。日本では、「変化こそ永遠である」と考えられてきました。固定化され、融通のきかないものは自在性がないとみなし、それは死に等しいととらえるものですが、空間の自由な変化こそ「茶室」の本質です。

また、日本の「家」は、仏教的な視点から、「身」を入れるための「仮の宿」だと考えられてきました。人生も仮のものであって、人はたまたま過客として、この世に生を受ける存在です。人生を全うしたならば、この世から消え、またもとのところへ戻るという考え方です。「家は、あたりの草を結んだ程度のものでよく、わずかな雨露をしのぐ程のもので充分である」とし、その草の結び目が解けたとき、またもとの原野に戻る……まさしく「草庵」とは、そのようなわびた庵《いおり》のことです。ここにもまた、わび茶のための「茶室」の本質があります。

こうした思想は、人里を離れ、山中に小さな庵を結んだ十三世紀の文学者、鴨長明にはじまり、村田珠光、そして千利休にまで連なるものです。積極的「質素」だといってもいいでしょう。この積極的な質素こそ、茶室がそのまま自然の一部であることを示すものです。自然の一部であることで、自然の微細な波動、風、音、光などが感じられます。この微細な感覚こそ、茶の湯にとって大切なものであり、今日の文化が失ってしまったものだともいえます。

一般に今日においても「茶室」に好んで質素な素材を使うのも、繊細性を重視するのも、「弱いもの、はかないもの」に宿る美を求めるからにほかなりません。

市中の山居

茶室は十六世紀の茶人、千利休によって完成されました。村田珠光にはじまる「わび茶」の系譜は、利休による茶室「待庵《たいあん》」によって完成します。「待庵」はそれ以前にはみることのできない、異形の茶室として登場しました。そこには利休の二つの挑戦をみることができます。

その一つが茶室を壁で囲ったことです。茶の湯への想いを深めていった結果が、壁を生み出すことになったのですが、壁の出現は日本の建築空間にとって、とてつもない大事件でした。

今日、空間を壁で囲うのは当然だと思えるかもしれませんが、古来、日本の建築には壁は存在しませんでした。大雑把にいって、屋根と、屋根を支える柱と、床だけでできた吹きさらしの建築でした。このような吹きさらしの空間を、建具や衝立のような簡単な道具、御簾などの布のようなもので仕切っていたのが日本の建築です。それでもAの場とBの場は厳格に仕切られています。それらはまず、敷居のようなもので認識的に仕切られているのですが、望まれないかぎりそこに入ることは許されません。日本の空間は「がらんどう」ですが、それでも認識の上では厳然と仕切られています。これは、モンスーン地域の気候条件において風通しのよい家が望まれたためであるのはもちろん、空間を認識的にとらえる古来の意識が、壁の存在を嫌ったことにもよります。そうした認識的秩序によって組み立てられた日本の建築に壁という実体的なものを持ち込んだわけですから、「待庵」の出現はまさに大事件でした。

さらに「待庵」の異形性は、空間を極端に狭くしたことにあります。壁で囲まれ、圧縮され、黒く塗られた茶室は、茶の湯における意識の内面化を高度に推し進めることになりました。

壁に囲まれた狭く黒い茶室は、外部世界の一切から遮断されます。わずかな窓の光だけをとり込む閉鎖的空間は、閉鎖的であるがゆえに、その物理的な限界を超え、認識的な無限空間をつくり出しました。こうした限界への挑戦こそ、利休の茶の湯でした。

茶室は、「囲み」とも「小間」とも呼ばれます。これは利休の茶室が小さく、しかも壁に囲われていたことによるものです。「囲み」は日常世界とは分離された「異界」であることをあらわします。そして異界における行為は「聖なるもの」であり、こうした非日常世界の分離が茶室の主題となりました。鴨長明が人里離れた山中に庵を結んだのも、「都の俗性」から離れるための手段でした。

茶室は「市中の山居」ともいわれます。都にありながら、山中の異界性をつくり出します。日本においては、「山」は異界です。ドイツをはじめヨーロッパにおいては、グリム童話に代表されるように、「森」が異界でした。さまざまな森の「物語」は異界の物語だったはずです。こうした異界性を都会のなかにつくり出したのが、「市中の山居」でした。「茶の湯は日常と非日常の境界に位置するもの」ですが、この「市中の山居」という矛盾をはらんだ概念こそ、そうした境界性をあらわしたものではないでしょうか。壁による外部世界からの遮断によって、利休は異界性を実現しましたが、それはまた壁のない日本ならではの建築の「かたち」を、裏切るようにしてつくられたものでした。

「囲む」という行為そのものは、古代においては西洋でも東洋においても、認識的なものだったといえます。ミルチャ・エリアーデも指摘するように、「居住地や都市の防備が魔術的防衛からはじまることは充分にありうる」わけです。それは集落の周辺に溝を掘るといった認識的なものから出発しました。日本の「ヒモロギ」というカミのための空間も、四本の柱を注連縄で結んだ、きわめて認識的なものです。一方、ある文化人類学者のポリネシアでの調査によれば、子どもたちが遊んでいるところに棒か何かで地面に輪のような線を引くと、子どもたちはその場所が「閉ざされた」という感覚に陥り、ゲームの内容が変質していくといいます。

私がつくった「茶室」は、内側から外も見えますし、外からもなかの様子がうかがえます。また、音を遮断することもできません。しかし、なかに入ると、囲まれた静かな空間という印象を受けるはずです。とりわけ躙口《にじりぐち》の戸を閉めると、誰もがそういう印象をいっそう強く持ちます。それは西洋、東洋にかぎらず、人びとが「意識」の上に生きていることのあらわれだと思います。

結局、「茶室」も認識的空間ですが、この空間を認識的にとらえる感覚こそが、今日もっとも薄れているのではないかと思います。

微細なものに目を向ける感覚

日本の風土から生まれた「坐る文化」「靴を脱ぐ文化」は、微細なものに目を向ける感覚を育みました。森林に覆われた風土の民が、じっと大地に坐って自然を観察し、連想し、類推するという態度は、微細な出来事に注意を向ける姿勢でもあります。それは、微細なものに秘められた美を発見する姿勢でもありました。ゆっくりとしたときの流れのなかで自然と溶け合い、前栽の虫の音に耳を傾け、花鳥風月に親しみ、草木虫魚に心を映したのです。そうした感覚はそのまま日本の空間デザインに反映されました。「非構築的な空間」「坐して眺める姿勢から生まれた水平感覚」「仮設性」「AともBともつかない中間領域の創造」などの建築的なアプローチは、いずれも坐俗固有の微細な感覚によるものです。

松岡正剛が著書『フラジャイル』により「弱さ」をめぐる考察から浮かび上がらせたのは、強いもの、確かなものの対極にある「微細な感覚」でした。薄弱なもの、断片的なもの、うつろいやすさ、はかなさ、曖昧性、不完全性などが生み出す感覚世界は、とりもなおさず日本建築とともにあったヴィジョンでもありました。非構築的なもの、もろいもの、傷つきやすいものなどに宿る微細な感覚は、その微細さゆえに、構築的で強固なものにはない振動を感じさせます。

日本では、堅固な壁などによって空間を仕切ることはありません。こうした建築的態度は、「認識」という危ういものを前提としています。一般に空間の分割は、視覚的にもまた行動を制御するうえでも、物理的なもので空間を厳格に仕切ることによってなされます。ところが日本では、敷居などのように物理的には強制力の薄いもので空間を境界し、隔てるのです。

そんな日本の空間を秩序づけてきたのは、松岡正剛の指摘するフラジャイルなものに内在する強さだといえるのではないでしょうか。物理的な存在は力によって排除できます。しかし認識はそう簡単には消し去ることはできません。人の心に深く根差した感覚であるがゆえに、消し去ることが困難なのです。

坐る姿勢によってもたらされた感覚は、風、音、光など自然の波動に敏感です。静かに坐ることは、そうした微妙に移り変る何ものかを楽しむことでした。このような感覚を支える建築は、決して強固で構築的なものではなく、建築自体が「感覚の振動」をとらえうるフラジャイルなものでなくてはならなかったのです。そして日本のデザインは、こうした微細な感覚を下敷として成立しました。このような感覚が消えることなく、今日の日本のデザインをどこかで特徴づけているのです。

フラジャイルな空間から生み出された「感覚の振動」はまた、人間の複雑な感情、心の発見をもたらしました。

日本の室内のあり方の大きな特徴は、「室内そのものが人の心と深くかかわる」ことにあります。それは決して強さを誇り顕示するものではなく、人間の深い想い、はかなさ、寂しさ、わびしさ、もろさ、うつろいやすさなど、「無常」なるものに対応するものでした。人生を「仮の宿」とし質素こそを理想とした隠者の庵も「草庵」であって、空なる場でした。また「茶の湯」が、人の生き方を問い、人と人との関係、人と共同体とのかかわり、人と自然との関係を相対化しうる「茶室」という空間をつくり出したのは、茶室のかたちこそが茶の湯のヴィジョンや心のありようを視覚的に明らかにするものだからにほかなりません。そこには室内空間のあり方と人と精神とは深くかかわっているという確信があったはずです。

日本の室内空間が目指したのは、「人の心」「共同体の心」の感覚的な表現でした。室内は関係によって成立し、その関係は決して固定したものではなく、ときにより場合により自在に編集され続けます。こうした室内から生み出されるのは、人がともに生きていくための秩序です。室礼や作法をつくり出し、そこで生み出されたコスモロジーは、今日まで継承されています。

日本の文化とは、室内デザインそのものでした。今日においても日本の空間デザインが、その機能性や用途性にもまして、空間に生まれる微細な気配のようなものを重視するのは、いささか大仰にいうなら、対象の内面にすべてを集中するからにほかなりません。

「変化の相」としての空間

「フラジリティ」と表現される微細な感覚から生まれる秩序は、自然の流れそのものを前提としていました。自然がつねに変化するように、室内もまた変化します。構築的で強固な空間は変化の停止です。変化の停止は、日本人にとって空間の死を意味しました。空間は固定化した瞬間から次第に汚れ、朽ち、やがて死を迎えます。空間の装飾によって春夏秋冬の季節の変化をとり込もうとする生活観も、「野だて」のように瞬時に生まれ、瞬間に消える仮設空間も、庭を吹きはなし自然をとり入れる室内と自然とのかかわりも、つねに空間に変化をつくり出すものでした。

「ゆく河の流れはたえずして、しかももとの水にあらず」と詠んだのは、鴨長明です。川の流れのようによどむことのない生々流転にこそ永遠があるとする思考は、「変化の相」としての空間の見方を生み出すことにもなったのです。

「変化の相」としての空間は、枠組としてだけある空・無の空間です。空間が空《ウツ》であれば、さまざまな変化をとり込むことが可能です。人と人との心を映し、季節や儀礼など移り変る「とき」を映し出すのです。そのために、日本の道具や調度はいつでもしまったり出したり、簡便な移動性を必要とします。日本のデザインは、折りたたむことのできることが基本です。季節や儀礼とともにものは出され、それらの終了とともに、即座にしまわれます。そうした瞬時、瞬間のものの移動によって、室内は鮮やかに変化します。そのためには日本の家にはものをしまうための「蔵」が必要でした。しまわれたものはいつか使われるときを待って、じっと蔵にこもり続けます。こもることによって、カミの呪力がものに与えられます。カミの呪力を与えられたものは、ふたたび出現したときには、いっそう輝くわけです。

茶室に求められたのは、心の触れ合いでした。茶室という空なる空間に、亭主が状況に応じた「とき」をつくり出すのです。客ぶりを考え、花・道具・食などの微妙なとり合わせによって、瞬間の美をつくり出すわけです。建築の構築化を嫌い、変化こそ新しさであり、その連続する新しさのなかに永遠があるとする思想は、微細なものに目を向ける「感覚の振動」が下敷になったものでした。

「変化の相」とは空間の解放です。空間の解放とは、人の心の解放でもあります。何ごとにもとらわれることのない自在な空間の創造は、社会の束縛から逃れ、個人の内面だけにはたらきかける空間の創造でもあります。日本の空間とは、そうした自在な変化を前提としたものでした。

そして空間の自由を可能にするのが、「見立て」に代表される日本固有の方法感覚でした。何かによって別の何かを連想させるという方法は、たとえば自然のなかに敷かれた一枚の布が室内をあらわし、「野だて」のような茶の湯の儀式を成立させます。また突然あらわれて瞬時に消え去るカミの空間「ヒモロギ」も、見立てられた空間でした。「変化の相」が空間の解放であるなら、「見立て」にこそ画一的で規範的な視点に対抗する思考の自由があるといえます。

現代の日本のデザインを特徴づけているものは、あくなき単純化です。単純化によってものの真の姿が浮かび上がるとする思考が、さらなる単純化を導きます。背景となる「素空間」に変化をあらわすものを配置することによって、さまざまな状況をつくり出すという伝統的な方法が、この単純化を生み出したのです。

文化の根源へ

私が近年の展覧会や作品を通して明らかにしたかったのは、日本固有の空間概念が、いまだに今日の社会に生きているということでした。近代を迎えて、私たちの生活は激しく変化してきました。電話からパソコンにいたる通信技術、飛行機・鉄道・自動車などの輸送手段、家電製品による生活空間の快適化と労働の軽減、インターネットなどの情報ツールによるグローバル化、商業主義にもとづく発展が生み出した生活の利便性、新たな大衆の欲望の開発……それらは生活の構造が根本から変化したことをあらわしています。

にもかかわらず、私たちの生活空間は頑固です。畳、障子、襖に代表される伝統的な日本家屋での生活は、近年まで一般的なものでした。現在、都会では畳の部屋こそ少なくなったものの、床に坐る生活、靴を脱ぐ暮らしぶりは相変わらずです。そうした生活感覚は、今日の技術の進化に比べて著しく変化が少ないように感じます。

はたして生活空間は、何をベースに存在しているものなのでしょうか。文化はいつもテクノロジーとともに変わります。しかし、これほど激しくグローバリゼーションが進行しているにもかかわらず、「失われない文化」というものがあります。この連綿と継続する文化にこそ文化の本質があり、頑固に今日の空間をつくり出し続けているのだといえます。

近代は合理主義によって組み立てられたものでした。私たちの日常慣れ親しんだ習慣、伝統、歴史は、過去の非合理的な体系として抹殺され、社会は画一化に向かってきました。そうしてもたらされたのは、地域や民族の固有文化の解体でした。

しかし情報化社会の発達は、一方でさまざまな地域の文化を同時に一望することを可能にしました。そしてそこに浮かび上がったものは皮肉にも、「世界は決して画一的なものでもなく、近代が求めた合理性とはおよそかけ離れた習慣や儀式などが、いまだに生き生きと今日の生活に反映している」という事実でした。文化は固有的なものです。そしてその固有性こそが人びとの暮らしを支えているのです。

心の問題が叫ばれて久しくなりました。近代は多くのものを提供し、押しつけることによって豊かさをつくり出してきました。しかし、あまりにもものに頼りすぎることによって、精神の後退が生み出されました。

しかし、人びとの心はいまだに固有文化のなかに生きています。今日、日本の空間に固有の方法は、次第に希薄になりつつありますが、それでも文化の本質は消えることなく生き続けています。二十一世紀の生活文化を考えるなら、こうした文化の根源についてもう一度目を向けることが何よりも重要でしょう。

もちろん私たちが目指すのは、小さな固有文化にとどまるものではありません。固有の方法が、地域や民族を超えた有効な「メソッド」になりうるかを検証することこそが大きな課題だと思います。

固有文化は日本だけにかぎらず、すべての国や地域の文化をつくっています。そして、そこにはそれぞれの真実があります。二十一世紀とは、そうした文化の尊重の時代であり、それらの文化にもとづきつつ、それらを超越した文化をつくり出すときであると、私は考えています。

第三章 弱さのデザイン——ウィーク・モダニティ

桑沢デザイン研究所［'04］
アカデミーヒルズ・アーテリジェントスクール［六本木ヒルズ／'05］
名古屋工業大学［'05］
Design INDABA［南アフリカ・ケープタウン／'06］
ソウル芸術大学［韓国／'06］
東京造形大学［'06］
東北芸術工科大学［山形／'07］
その他での講演をもとに編集

弱さの背景

つぎに、弱さのデザインについてお話ししたいと思います。

実は、このテーマについては、イタリアのデザイナー、アンドレア・ブランジと、六〜七年にわたって話し合ってきました。東京では、弱さをテーマとした二人の展覧会も行っています。

弱さのデザインとは、けっして「かたち」だけの問題ではありません。むしろ、かたちから離れたところにこそ弱さは潜んでいます。しかし、私たちの仕事は、そうした見えない世界のものを何らかの方法で視覚的世界、触覚的領域へと導き、認識的世界をつくるものです。そこで、この広範な世界をひも解きながら、「弱さのデザイン」について考えていきたいと思います。

あえて「弱さ」という概念を持ちだしたのは、二十世紀は「弱さ」を克服し、強さ、強い社会に向かった時代だったのではないかと考えたからです。そして、その強さは、二十世紀後半になると、構築的で規範的、固定的で自由度の少ない状況を生み出しました。デザインをとり巻く生活文化も、資本主義社会の経済優先主義にとり込まれ、合理主義的効率化を通じ、企業利益と強固に結びついたものになりました。

近代合理主義の基本構造は、資本主義社会を目指すものでした。資本主義は、私的利潤の自由かつ無限な追求です。つまり企業の利益を優先し、そのこと自体を社会常識としたわけです。多くのものはそうした構造から生まれ、人間生活を優先するものではありません。そうした理念の下敷きが近代合理主義なのです。近代合理主義の理念をルイス・マンフォードは、科学技術を背景とした「力、速度、標準化、大量生産、定量化、組織化、制度、画一性、規則正しさ、制御」などによるすべての構築としました。これは弱さを含んだ人間そのものからは、およそかけ離れた理念です。

このように二十世紀は、「弱さ」の克服によって肥大していったわけです。「弱さ」とは、合理的でないもの、目に見えないもの、手に触れられないもの、あいまいなもの、不定形なものなど、近代合理主義の枠から外れるものであり、それらの抹殺によって、近代はその「強さ」を実現したのです。

しかし、人間はそう強いものでもありません。うつろいやすく、気まぐれで、傷つきやすく、脆《もろ》いものです。そうした人間をとり巻く世界は、近代の合理性とは整合しきれないものです。

ここでいう「弱さ」は、強さと対比的なものではありません。「弱さ」とは、存在それ自体がはらんでいるピアニッシモなイメージそのもののことです。たとえば「弱さ」は、美的世界においては独特のニュアンスをつくり出しています。「繊細で、一見壊れやすいもの」「小さくて細やかなもの」「柔らかくて不定形なもの」には、大きくて硬くて重いものにはみられない、かけがえのないものがあります。

また、見えない何かを想い、静かにたたずむ描写には、人の気持ちにやさしさと静けさ、危うさと切なさをもたらします。あくまでこれらは、強さと対比される問題ではなく、弱さそれ自身がもつ特性なのです。

弱さの多様性

「弱さ」とは実に多様です。たとえば、「社会的な弱さ」があります。現代社会固有の思考によってつくられた規範は、そこからはみ出たものを切り捨ててしまいます。「社会的な弱さ」とは、そのようにして、なかったことにされてしまうものの弱さです。

また、「身体的な弱さ」というものがあります。健常な身体をもたない弱さですが、実はそうであるがゆえに健常者にはない特徴的な才能を発揮する場合もあります。

以前、私が直面したことですが、都会の雑踏のなかで聴覚障害者たちが、手話によってゆうゆうとコミュニケーションをはかっていました。またあるテレビの取材で知ったことですが、テープレコーダーの回転数を四倍の早さにしても、視覚障害者はその内容を聴きとることができました。

このように身体的弱さは、その弱さゆえに知覚・感覚を発達させることがあるのです。

また、「社会的に認知されないことの弱さ」があります。ある文化の価値観や行動規範が他の文化圏では排除されるようなケースです。

あるいは、「記録されないもの」「不定形なもの」「変化するもの」「消えてしまうようなもの」「あいまいなもの」「不安定なもの」は、計測できないものとして、理解の外におかれてきました。

そうした「弱さ」を、人生の無意味さや不幸の根源とするか、それゆえに幸福の根底ととらえるかによって、「弱さ」をめぐる論議は分かれます。

「弱さ」という感覚世界

「弱さ」とは単に弱いことだけを指すのではありません。私たちは、「弱さ」という感覚世界がつくり出す感情と深くかかわっています。

たとえば、「自然の移りかわりがつくり出す驚きに満ちた世界」「日常の生活空間のある瞬間が想起させる風景」「すれ違いざまに嗅ぐ香りでよみがえる切なく懐かしい記憶の断片」「詩歌の世界に浮かぶはるかな空間」「なつかしい音楽によって眠っていた感情がゆり起されるような時間」「あるものの部分、断片から広がるイメージの世界」「街角のカフェでぼんやり何かを眺めている少女」「トワイライトの時間に宿る昼と夜との境界」「朽ち果てる寸前の廃屋」「古く錆びついた看板」……。こうしたものや状況がつくり出す情感は、けして傲慢な心や攻撃的で凶暴な心から生まれるものではなく、やさしさと憂い、寂しさとわびしさ、はかなさとうつろいやすさなどを感じる心から紡ぎ出されます。もとより人間とはさほど強いものではありません。うつろいやすく気まぐれで傷つきやすくて脆いものです。そうした人間をとり巻く世界は、近代の合理性とはだいぶ遠いところにあります。

しかし、これらについてデザインという実際的な世界を対象として考えるなら、まず最初に人間のそうした弱さとかかわるデザインに着目し、それらの創造の秘密を探り、再発見することから出発しなければなりません。

デザインという行為は、必ずそこに何かものを生み出します。生み出されたものは必ずかたちをともないます。どれほど注意深くデザインしても、かたちは固有の意味をつくり出し、属性を生み出します。それは同時に強さをつくり出すことでもあります。

私たちがつくるものは、物理的にはまず地球上の重力に依存し、「社会的規範」「それらがつくり出す属性」「経済というモンスター」、さらには「それらが要求する生産的合理性」や「人間のかぎりない欲望」など、現代社会を規定しているシステムに依存しています。

しかし、デザインの究極の目標が「人間の真の幸福」であり、「人間の心の解放」であるなら、それはすべての桎梏から解放されるような自在な姿に向かわなくてはならないでしょう。人の心の束縛は、属性への執着から生まれます。たとえば社会的地位、貧富、地域、民族、歴史、文化、性別……こうしたものは人の存在証明であると同時に、人を縛るものです。

もし真の心の解放を願うのなら、それらの束縛を捨てなくてはなりません。それは単にすべてを切り捨ててしまうことではありません。近代は科学技術を下敷きにした機械の合理性をその規範とし、非合理にみえるすべて、たとえば人間の個人的精神性、地域や民族の固有文化、歴史、伝統、習俗、儀礼、さらには「カミ」までをも抹殺し、捨て去ってしまったのです。

ここでいう近代が捨て去ったものはもちろんのこと、近代がつくり出したものすべてをも、内包し超越していくことが重要なのです。

「弱さという感覚世界のデザイン」について考えることは、そうしたきたるべき超越のための準備なのかもしれません。

ここで、「弱さ」を感じることのできるいくつかの作品を見てみましょう。

❖「納涼図屏風」（久隅守景　十七世紀前半）

質素な家と粗末な夕顔棚の下で、もの静かな家族がはるか彼方を茫洋と眺めています。何

上▶「納涼図屏風」（久隅守景 17世紀前半・国宝）東京国立博物館所蔵
下▶「松林図屏風」（長谷川等伯 16世紀末・国宝）東京国立博物館所蔵

とも穏やかであたたかいシーンです。見えない世界と交信しているようでもあります。

❖「**松林図屏風**」（長谷川等伯　十六世紀末）

水墨画でありながら、和様の景物と景趣をもつ牧谿に学びつつそれを突き抜けたかのようです。速度のある荒い筆致で松を描くことによって、朝靄の湿感と、そこに射し込む陽光を描き出しています。ここにある白さは何もない白ではなく、さまざまなものが埋め込まれている白さです。

❖「**染付辰砂蓮華文壺**」（李朝　浅川巧旧蔵品）

柳宗悦が浅川巧の家でこの壺を見ました。柳は丸みのある肩にそって流れる線に自然の呼吸さえ聞くことができたといいます。その肌の美しい白は、民族の心を感じさせ、内に隠れた穏やかな色は、美を内へ内へと包み込んでいきます。（しなやかな淋しさや、静かな美しさ）

❖「**名所江戸百景 大はしあたけの夕立**」（歌川広重 1857）

自然事象の魅力、季節や一日のときの移り変わりの気配が描き出されています。その風景は、日常的な情景や凡俗の人びとによって、生彩が与えられています。(瞬間・いま……非固定的)「俳句・連歌」

❖「**光悦垣**」

京都光悦寺の垣です。日本の住居にはどれほど粗末な家でも垣はあります。家と庭がひとつとなって居住空間は成り立っています。その家を規定するものは、垣根です。日本の家は聖なる場です。したがって、この垣の内側は聖なる場となります。聖なる場へ侵入してはいけないものは、邪悪な霊、怨霊、死でした。こうしたものを防ぐために垣はあります。したがって、垣はあくまでも認識的なものでよいのです。

❖「Mt. Fuji in New Year」(佐藤晃一 1988)

北斎の有名な版画 富嶽三十六景「凱風快晴」が下地にあることは、誰にでもわかります。しかしそれを超えた美しさを示しています。赤の色彩、山の形態、そしてぼかしが、富士のイメージを私たちが知っている以上のものとして象徴しています。

「染付辰砂蓮華文壺」
（李朝 浅川巧旧蔵品）

上▶「名所江戸百景 大はしあたけの夕立」（歌川広重 1857）国立国会図書館所蔵
下▶「光悦垣」（京都光悦寺）

上▶「Mt. Fuji in New Year」(佐藤晃一 1988)
下▶「スイービ」(三橋いく代)

❖「スイービ」（三橋いく代）

日本の仕切りは認識的なものです。仕切りとはAとBを分け隔てるものですが、日本文化の特性は連続させながら分割するという方法を採用してきました。この場の絶妙なのは、そのぼやけた仕切りを採用することで、日本の分割の方法の真の姿を浮かび上がらせたことです。

❖「白の茶室」（内田繁　二〇〇〇年トリエンナーレ）

茶室もしくは日本の空間原理は、「ウツ」が基本です。空間は使われない状態では「ウツ」、空虚、空っぽに戻すべきものです。次に使用するとき、空間が「ウツ」であるなら何にでも使うことができるからです。この茶室は、ある時間と状況を示したものですが、もし違った時間を必要とするなら、内部を構成している道具を変化させればいいわけです。空間とは時間をつくる枠組なのです。

❖「人」（田中一光）

墨のたれ方が絶妙です。ここには時間が感じられます。時間の背後にはさまざまなものがみえます。このたれるという予期することのできない現象は、自然の摂理そのものです。

❖「**器**」（黒田泰蔵）

この一見かたちのない白い器こそ、かたちとその繊細な美に満ちています。デザインにかたちは大切です。多くの人は、かたちや装飾から逃れようとする態度こそ、デザインの方向だと勘違いしているようですが、かたちには本来、呪術的な意味があったのではないかと私は考えています。この器には祈りを感じます。

❖「**黒檀染めの黒茶**」（瀧澤久仁子）

モンスーン地域の布は平織と自然の素材による染が特徴です。モンスーン地域の高温・多湿な気候がそうさせるのですが、それらは、薄く、細く、繊細な布をつくり出します。黒檀染めの黒茶が、モンスーン地域固有の軽やかさと落ち着きをつくり出しています。

❖「**あけずば織り**」（上原美智子）

「あけずば」とは、沖縄に伝わる琉歌のなかの「美しいトンボの羽のようなきものをつくっ

「白の茶室」(内田繁 2000年トリエンナーレ)

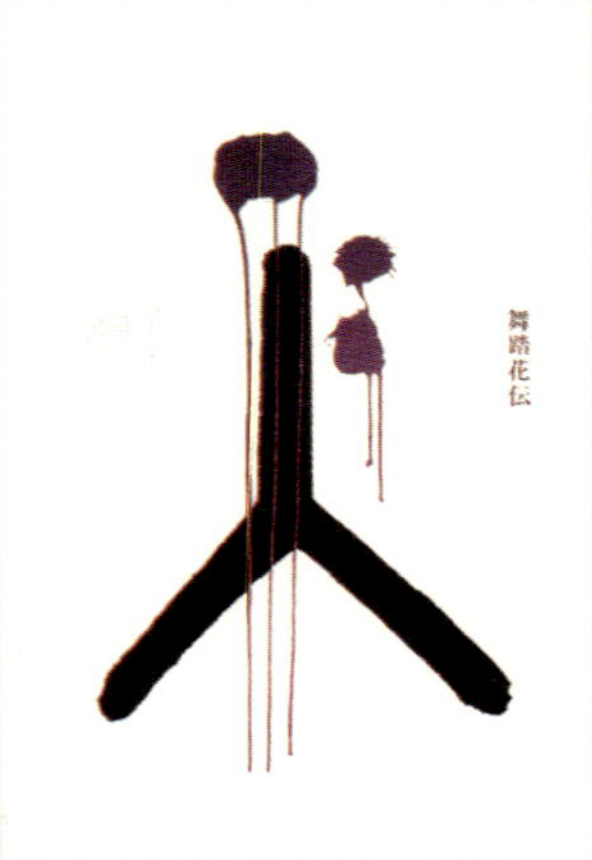

「人」(田中一光)

「器」(黒田泰蔵)

「黒檀染めの黒茶」(瀧澤久仁子)撮影:松本路子

て、愛しい人にさし上げたい」という一節の、トンボの羽のことです。こうしたはかなく美しい布が、実用のものとしてつくられています。

❖「ダンシング・ウォーター」(内田繁)

もしデザインが夕日のような美しさを持つものであったら、どれほど人の心をなごませることができるだろうかという想いから生まれた、予期できない水の揺らぎと光による作品です。

弱さという感覚世界を生みだす状況や状態

さてつぎに、「弱さという感覚世界を生みだす状況や状態」について考えてみます。

◉――自然性

生きることは、人間の制御できない宇宙の秩序と自然のプログラムの作用のなかで生きるということです。しかし近代の成功によって人間は、自然に替わる新たな技術を手に入れたと錯覚し、自然の厳しさも自然からの恵みも、また本来自然と深くかかわっている生命さえをも、科学技術によってコントロールできると考えるようになりました。しかし、私たちにとってもっとも身近な自然である人体について考えてみればすぐに了解できるように、自然の秩序は人間の制御を超えています。

日本の文化は自然を観察し、自然から多くを学んできました。「森林に覆われた風土の民」は自然との共生を選択し、自然との同化・合体を望みました。それは自然の豊かな恵みも、過酷な自然の厳しさも、自然の美しさも同時に引き受けながら、やがて「無常観」という思想にたどりつきます。無常観とは、この世に存在する一切のものはつねに生滅・変化し、常住、つまり永遠に存在することはないとする考え方です。そうした人生のはかなさ、もののあはれを説く思想は「無常美観」に転化し、「わび」の思想を生み出します。それは、はかなさ、わびしさ、あはれという感覚を、美意識にまで高めることによって、逆転させたものです。

「わび」とは、おごりとは対極にある、すべてに対してわびる、文字通りお詫びする心です。寂しさ、わびしさ、心細さなど、人間の心の弱さを知り、それらを幽玄、閑寂な美へと昇華させたものでした。自然を人生の中心にすえたことにより生まれた美意識です。

◉——可変性

日本人は、自然や社会、人事の観察の集積により、ものはつねに変化していることを知り、この世には固定したもの、永遠なるものなど何ひとつないという無常観にもとづく「変化の相」(変化こそ永遠である)の思想を生み出しました。一方で近代は、ものは変化しないことを理想としました。西洋文化の「家」は、何ごとにも耐え、堂々とし、変化などしないことを目指していました。しかし日本の家は、つねに変化することが必要でした。初夏には冬の襖を夏障子に入れ替え、床下に空気を通します。

さらに日本の家は、「ウツ」なるものでした。ウツとは、空、空虚、無、空っぽのことです。そのウツなる空間に時間(季節・儀礼)をとり入れ、実体をつくります。それはウツ↓ウツロヒ↓ウツツと展開します。空なる状況に、時間、自然、心などが「ウツロヒ」、変遷することによって、「ウツツ」(=現)すなわち「現実」が生まれます。つまり日本では、現実は空なるものから生まれるとされます。現実はつねに変化を前提としているのです。

上▶「あけずば織り」(上原美智子)撮影:松本路子
下▶「ダンシング・ウォーター」(内田繁)

●——瞬間性

固定したものなど何ひとつないとする思想は、「いま」という瞬間を際立たせます。過去や未来とかかわりを持たない「いま」という瞬間、それらの連続した流れのなかに世界があると考えるわけです。そこから「中今《なかいま》」や「而今《じこん》」といった思想が生み出されます。中今とは、過去と未来との真ん中、而今は、いまを生きるということです。

このいまを生きることは、実は非常に難しいことです。茶の湯の世界では、よく「一期一会」といわれます。かつて私はこれがよくわからなかったのですが、あるとき、中国の仙人の修業のなかに「還童功」という五歳の子どもに還る修業があることを知りました。五歳の子どもは、その瞬間を生きています。嬉しいことも、悲しいことも、そのまま感じています。しかし大人になると、過去・現在・未来をつなげて考えるようになります。過去にこうだったからいまはこうしようとか、いまこれをやっておくと未来の役に立つだろうとかいうように、いまという瞬間に、過去や未来をかぶせて生きているわけです。そのような「いま」という時間のとらえ方は、子どもにくらべて不純です。大切なのは、いまを精いっぱい生きることです。

また俳句や浮世絵などは、自然の状況、生活の日常などの瞬間を切りとる描写手法です。

たとえば、松尾芭蕉の有名な句「古池や蛙飛び込む水の音」は、単に古い池に蛙が飛び込んだという描写ですが、特別な意味も概念もともなわず、それだけのことが大きなイメージとして私たちを包みます。前に紹介した歌川広重の「大はしあたけの夕立」も、急に雨が降ってきて人びとが慌てているという、ただそれだけのシーンです。そこでは題材に意味はなく日常の気配だけが感じられます。その気配が、概念を超えた豊かなイメージとなります。

●──境界性あるいは周縁性

複数の状況の境界にあって両者の影響を受けながら、いずれにも帰属していない状態が生み出されることがあります。日本文化においては、その中間領域を「空白」ととらえ、無化した領域、何かと何かをつなぐためだけの領域としていました。

たとえば「内と外の境界」は、縁側、軒下です。「未知と既知」との境界のメタファーには、橋、柱、梯子などがあります。また、露地、参道などは「聖と俗」との境界をあらわします。さらにトワイライトは、昼と夜の境界です。昼の強さ、夜の強さのあいだにあって、実に不安定な状況です。トワイライトゾーンという言葉がありますが、日本ではこの時間を「たそがれ」(誰そ彼)や「かわたれ」(彼は誰)と呼び、妖怪や幽霊が出る時刻であるとしますが、一般には「変性意識状態」になる時間です。

このような境界や周縁には、AでもBでもないもう一つの世界が浮かび上がります。実は日本の多くのデザインは、ここにこそかかわっていました。

●——フラグメントあるいは断片性

「断片」から派生するイメージは、新たな想像世界を生み出します。断片性は、単なる部分ではなく、部分と全体とが見えない世界でかかわっていることをあらわします。恐竜の化石の一片は、その全体をはらんでいます。工業化された機械の一部は、全体を浮かび上がらせることこそありませんが、それとなく全体を暗示しています。そして連歌や俳諧は、部分の連続によって全体をつくり出します。

近代は全体をまず考え、部分をそれに当てはめてきました。それをフランスの哲学者リオタールは「大きな物語」と呼びましたが、今日重要なのは断片、部分など、小さな世界や身近なテーマ、「小さな物語」から出発することだと思います。

●——装飾性

近代において、装飾ほど価値の下落をはかられたものはありません。オーストリーの建築家アドルフ・ロースによる「装飾は罪である」以降、近代デザインは装飾とは無縁であろうとしてきました。しかし本当に装飾とは無意味なものでしょうか。装飾がどれほど私たちの心を豊かにし、大きなイメージをつくり出してきたかを、あらためて考えなくてはなりません。純粋装飾とは、一切の機能的な価値から離れ、人間の内面に作用して、見えない世界と触れ合うことを可能にするものです。たとえば縄文の装飾は、カミとかかわるための呪術的なものだったのではないでしょうか。

また、琳派などの装飾は、物体の重さを解放しているようにも感じられます。

●——身体性

本来、人間の身体は、多くの可能性を秘めているものです。今日のユニヴァーサル・デザインは、誰でもどこでも使えるものをよしとしていますが、誰でもどこでも使えるようなものは、ものと人間との交流を薄くします。使うのが難しいものでも、ほかに何かの価値があるなら人は使いこなします。ガラスは落とすと割れるからこそ、人はていねいにあつかいます。そして、人はものに愛着を感じることになります。自転車は練習しなければ乗れません。しかしそれを達成したときの喜びは大きいものです。そうした経験こそ、人とものとの触れ合いになるのです。

また、ものはどこでも使えるわけではありません。ものには意味があります。場所や時間はそれぞれに固有のものです。たとえば住居とレストランは違います。そして、人がその場所、時間に求めるものは、それぞれ異なっているはずです。

●——記憶性

人には記憶があり、その記憶には「故郷」があります。どこでも使えるということは、人間の記憶、故郷を捨てるということです。

記憶には「個人的記憶」と「集団的記憶」、そして「前文化的記憶」とがあります。

個人的記憶は、生活を通して体験したさまざまな事象からの何らかの影響をとどめたものです。また集団的記憶は、文化的記憶、つまり歴史や伝統など特定の地域や民族に共通する固有の記憶です。これは、人びとがともに生きるきっかけとなるものです。そして私たちには、前文化的記憶があります。言語の発生に先立つ記憶です。これが人間の根源的なイメージ、そしてシンボルをつくり出しました。古代の人が見た太陽、海、そして山、さらに水、光、風など、人類が共通して意識の深層にもっている記憶です。

ものを見ることの問題は、人体の視覚機能の正常・異常だけに帰される問題ではありません。私たちが見るものは、物質的世界においてさえ、見えない何かを含んでいると、ローレンス・ブレアはいいます。ものを見ることは、意味を見ていることだともいえます。つまり、自身が知覚できない意味は見えないのです。その知覚をつくり出しているものの一つが記憶だといえます。地図を逆さまに見ると、視覚と知覚の像が一体化するまでかなりの時間を必要とします。

近代は、固有の記憶を曖昧なものとして無視してきましたが、こうしたものを感じる心は、弱さと触れ合う心でもあるのです。

●――日常性

近代合理主義の秩序・規範に侵された日常性は、どこか変容しています。人間は、さまざまな時間のなかに生きています。人間の生活空間は、「日常的時間」「脱日常的時間」「超日常的時間」に分けることができると、私は考えています。文化人類学は、日常と非日常という二つに分けていますが、今日では、この三つの分け方が適当だと私は思います。「日常的時間」は、私たちがもっとも多くを費やしている時間です。まさに朝起きてから寝るまでの生活時間です。それに対して「脱日常的時間」とは、日常を離れ気分を解放する時間です。遊びの時間ともいえます。

今日、この日常性と脱日常性との境界が乱れています。近代以降、労働は過酷なものだ、日常は退屈だという感覚が植えつけられました。それは、労働に対する達成感がみいだせない工業社会の特徴でもあります。したがって、それらを解消するために多くの遊び＝娯楽をつくり出してきたのです。

この遊びがひとり歩きし、今日の脱日常性をつくり出しています。しかし、日常を退屈とみなすと、脱日常性に目を奪われ、日常性の真の深さの理解を妨げます。

「超日常的時間」は、この地球上で起きている出来事の向こうにある超越した世界とかかわる時間です。たとえば、祈り、儀礼、カミとかかわる時間です。

人間は、こうしたさまざまな時間を生きています。真の日常性を回復するには、固定観念を払拭しなければなりません。

日常生活の動作は、デザインにとってもっとも重要な要素です。日常生活を送るために繰り返されるさまざまな基本的動作を観察し、研究することで、人と向き合ったデザインを生み出すことができるでしょう。

以上のような特性のうちに、強い世界にあっては見えない、「弱さ」という感覚世界が潜んでいるのです。

「弱さ」という感覚世界のデザイン・ボキャブラリー

これまで弱さをめぐる状況や状態について話してきましたが、ここからは、弱さが感じられるデザイン表現について考えてみます。

●微細性

「小さいもの」、「細いもの」「薄いもの」「軽いもの」には、大きいもの、重いもの、厚いものにはない何かがあります。

二十世紀は、巨大を目指した世紀だといえます。巨大なものをつくり、巨大な機械で持ち上げるという発想です。それはスカイスクレーパーをつくり、巨大なマシンを生み出しました。それらすべてを否定するわけではありませんが、巨大なものも、小さな機械、多くのマイクロマシンで持ち上げることの方が今日的だといえます。なぜなら数多くの機械で持ち上げるとしたならば、そのなかのひとつが具合悪くとも持ち上げることが可能です。大きなものによる被害のひとつに都市のインフラの集中があります。

数年前のＮＹの大停電も阪神大震災も都市が巨大なインフラであったため、一カ所が不備な状態になるとすべてが停止してしまいます。もしこれらが分散していたならば、これほど大きな被害にはならなかったわけです。

また、別の見方をしたならば、小さなものには、大きなものにない魅力があります。人間の身体をスケールとした、まさに身近なものについて考えてみる必要があるでしょう。

また、細いもの、薄いもの、軽いものには、大きくて重いもののような圧迫感はありません。むしろ、細く、薄く、軽いというあやうさが人の心の隙間に作用し、愛らしさと愛しさの感覚をつくり出します。微細性は、美の要素なのです。

この微細・繊細な感覚こそ、今日もっとも失われてしまったものです。強さのなかに生きることは、わずかな変化、人の心の動きなどを感じる目を失わせてしまいます。しかし、こうしたボキャブラリーのなかに、強さにはない美が潜んでいるのです。

●――可変性あるいは変化するもの

日本の文化は、もともと変化こそ永遠であるという思想を持っていましたが、近代はすべてを固定化してしまいました。しかし、変化するものにこそ人は驚きと愛着を感じます。

変化については、二つの方向から考えることができます。まずもののかたち、外形が変化する場合です。たとえば、丸かったものが急に四角になる、よく見えなかったものが次第に見えるようになる、あるいはある部分を動かすとかたちが様変わりするような動きをともなう変化があります。もう一つは、あるものの移動だけでその場が一転するような変化です。

日本文化が重視してきた変化は、かたちが変わることだけではなく、同じものでも少し動かしただけでパラダイムや状況が一転するような変化でした。

もちろん「動くもの」や「消えるもの」にも、人はある種のはかなさを感じてきました。

●——不明瞭性

「ぼけたもの」「霞んだもの」「透けたもの」「揺らいだもの」などは、近代がもっとも嫌ったものです。近代は視認性を重視してきました。近代は視覚の時代だったといえます。しかし、見るという行為は、はたして視覚だけにかぎられるものでしょうか。『超自然学』の著者であるローレンス・ブレアによれば、「見る」ということは「視る」や「観る」や「看る」でもあると言います。そこには、心が深くかかわります。さらに「見る」ことは、視察、観察、洞察、考察へと展開していきます。人は不明瞭性も含んで見ているのです。一方、近代は「ゆらぎ」を生じるものも不明瞭であるとして嫌いました。しかしこの世でゆらいでいないものなど、何ひとつとしてありません。こうしたものたちがもっているあいまいさと不安定さが、人間の心にある何かを刺激しているのです。

●——非固定性

たとえば「柔らかいもの」「湿ったもの」「不定形なもの」「ゆらいだもの」……自然のつくり出すものは、すべてこうした特性をもっています。

「故郷を失ったデザイン」という言い方がありますが、人間の故郷とは、自然であり、宇宙であり、また地域であり、民族です。

デザインは、記憶を媒介として、存在しないもの、見えないものを存在させる行為です。前にも述べましたが、その記憶には、個人的記憶、つまり個人の体験、状況がつくり出す記憶、そして集団的記憶、たとえば地域や民族が固有にもつ文化的記憶、さらに前文化的記憶があります。こうしたものがデザインをつくっているのです。デザインは国境を越えた普遍性を指向しますが、どうしても国境をもたざるをえません。知・情・意は真空状態からは生み出されないのです。しかし、近代がつくり出したものは、およそ故郷をもたない乾いたものや硬いものばかりでした。しかし人は非固定的なもののうちにこそ、故郷をみいだすのです。

●——有機性

「有機性」は、自然現象、水、風、火、土、木などの性質を利用したものです。不定形なものは、近代の文脈のなかではとらえきれないものとして、排除されてきました。しかし、弱い心をもつ人間にとって、こうした性質はやさしさと潤いを与えてくれます。

かなり駆け足でお話ししましたが、ここで伝えたかったのは、現代こそ「弱さ」という世界を再認識すべきときではないか、ということです。現に強さだけを前面に押しだした社会認識、生活文化、産業構造、政治、経済では、ほかならぬ人間が窒息してしまい、同時に地球にも大きなダメージを与えてしまいます。こうした状況において、デザイナーの進むべき道とは何かを考えてみました。

「弱さ」は、美の根源をなすものであり、そうした美は、人の心に深い影響を与えるはずです。人はけっして強いものではなく、弱さを抱えて生きています。寂しさ、わびしさ、はかなさ、心細さ……それらがあるからこそ、人は愛し、慈しむのです。そうした心のありようを美に転換したのが日本の文化でした。一切のものは生滅、変化して常住ではない、この世につねなるものは何ひとつないとする「無常観」が生まれたのは、中世でした。それを「無常美観」、わび、さび、幽玄の閑寂な美へと転換したのが、日本文化です。デザインとは、つねに人の心に向かって行われるものなのです。

第四章

普通のデザイン——時間・空間・記憶・自然

桑沢デザイン研究所['05]
東京造形大学['05]
名古屋工業大学['06]
デザイン研究会['06]
その他での講演をもとに編集

まず「普通」のデザインというテーマを持ち出したことについて、はじめに少々の説明をしておきましょう。普通のデザインなどというと、「そもそもデザインとは普通でない特別なことを目指すのではないか」、あるいは、「普通というテーマはデザインの主旨にはずれるのではないか」というような疑問を持たれるでしょう。

このように普通が低俗なものであると考える思考の背景には、近代がつくり出したステレオタイプがあります。その問題にはのちにあらためて触れますが、まず今日の私たちの生活の周辺、あるいはデザインに目を向けてみると、あまりにも過剰なデザインの氾濫が、都市環境、生活文化を侵していることに気がつきます。刺激的な看板デザイン、みさかいなく乱立する建築、けたたましい商業空間はもとより生活空間においても、制御されることなく氾濫する工業製品や家庭用品、あまりにも雑多な食品や飲料、嗜好品とそのパッケージと、普通でないものであふれています。

「なぜもっと普通になれないのか」と考えるのは私だけではないでしょう。人の日常生活が冷静なものであるようにデザインとはもっと冷静なものだと、私は考えます。このままではデザインの被害者が続出します。

しかしあらためて「普通のデザイン」とは何かと考えてみると、なかなか厄介なテーマであることがわかります。何に対して普通なのか、あるいは普通とは否定的な感覚なのかなど、多くの疑問がわいてきます。普通とはそう簡単なことではないようです。そこには、意外なほど深い感覚や思考や概念が潜んでいるようにも思えます。

一般に「デザイン」という言葉は人びとに、「ほかと違ったもの」「目をみはるような特別なもの」「驚くようなもの」などという印象を与えます。一方デザイナーがデザインをするとき、「人と違ったことをしなければならない」「特別のことをしなければならない」「自分独自のコンセプトをつくらなければならない」というような「強迫観念」がつきまといます。そして自分のことしか考えない思考態度に陥ることになります。

はたして、デザインとはそうしたものなのでしょうか。

「普通のデザイン」があるとしたら、「普通ではないデザイン」もあります。この二つの世界を合わせてデザインは成立しています。ここで問題としているのは、「普通のデザイン」が本当に普通なのか。そして「普通ではないデザイン」が普通を超えた価値あるものになっているのかを考えていきたいと思います。ちなみに「普通ではないデザイン」、これを「脱日常的デザイン・超日常的デザイン」と呼ぶことにしますが、そうした普通を超えた特別なデザインが本当に特別なものになっているのだろうかということ、そうしたことを問うていきたいと思います。

●——普通をめぐって

では「普通」とは何でしょうか。広辞苑によると「ひろく一般に通ずること、どこにでも見受けられるようなもの」とあります。また「一般」とは、「広く認められて成り立つことであり、ごく当たり前のことをいう」と記されています。実に悩ましい解釈です。どこにでも見受けられるものが普通だとするなら、どんなものでもよく見受けられれば普通なのか、という疑問がわいてきます。そして「どこにでも」という「どこ」とは地域を限定しているのか、それともいないのかもよくわかりません。

一方英語では、普通はノーマル（Normal）ということになるようです。ノーマルとは、正常、標準、普通のことで、ほかと変わったところがないことです。それならいったい、何が変わっていて、何が変わっていないのでしょう。そもそも地域や民族の持つ固有の文化は、それぞれ異なった価値観を秘めています。たとえば、坐ることを好む日本人と立つことを好むヨーロッパ人とでは、その姿勢から生まれる「普通」は異なります。

さらに、スタンダード（Standard）という言葉もあります。標準、基準、標準化、普通とされています。標準とは判断のよりどころ、比較の基準、めあてということです。ちなみにスタンダードにはスタンド（Stand）という言葉が含まれているように、基準となる棒を「立てる」ことを意味し、またあくまでも西洋の「立つ」文化に根ざした標準であるかのような印象も受けます。

日本の一つの基準に、「真・行・草」があります。漢字書体の真書、行書、草書を総称した言葉ですが、転じて華道、俳諧、建築、庭園などの形式にもなりました。真は厳格、厳密なデザイン、草は崩した風雅の形、行はその中間です。一般には建物や庭を注文する際に、職人に指示する目安として使います。たとえば、この建築は「真」でお願いします、「草」でお願いします、などと総体のイメージを伝えます。なかなか便利な目安だといえますが、共通の認識がないかぎり意味がありません。この共通認識の上にスタンダードがあることになるので、やはり「普通」とは共通した視点を必要とするものだといえるでしょう。

また、スタンダードには標準化という意味もありますが、標準化の背景には工業製品などの、品質、規格、寸法などの基準統一という目的が存在します。グローバル化された現代社会のなかで、特定の文化を超えた共通認識や共通規格は、たしかに重要です。

そしてユニヴァーサルという言葉があります。ユニヴァーサルとは、すべてのものに共通に存在すること、あらゆる範疇、あらゆる事物に共通した性質をあらわします。その背後には、宇宙の原理、自然の摂理など、人為の届かないような存在が想定されています。

こうしてみると、普通は実に多様な問題とかかわっていることがわかります。

●――デザインと時間

「普通」というテーマを掘り下げてみると、状況・状態の問題に突き当たります。あるときには普通で、別のときには普通ではないといったことがあることに気がつきます。

人間の生活は多様であり、人間はさまざまな時間を生きています。状況は一定していません。そのような人間の生きる時間を分析してみると、「日常的時間」「脱日常的時間」「超日常的時間」に大別することができます。前にも述べましたが、ここではあらためて説明を加えておくことにします。

「日常的時間」は、生きるための時間、人が基礎生活するための行動の時間です。朝起きてから夜寝るまでの家庭生活の時間、仕事のための時間、また子どもにとっては学校の時間、そして食事の時間、さらにボランティア活動、日常のコミュニケーションの時間などです。

それに対し「脱日常的時間」があります。日常を離れた余暇の時間、遊びの時間です。人は画一的な時間を過ごしているわけではなく、さまざまな時間をワープしながら生きています。脱日常的時間は人間の精神の回復の時間でもあります。一般に文化人類学や民俗学においては、日常を「ケ」、非日常を「ハレ」と呼びます。脱日常とは日常を離れた時間なので「ハレ」に属する時間といってもいいのですが、現代の社会状況を考えると、日常と非日常、ケとハレだけでは生活をくくることができません。そこで私はハレとしての時間を「脱日常」と「超日常」に分けることにしました。

日常とはときに単調な時間です。日本の文化には節句というものがありました。節句とは、節日などの式日、すなわち人日の一月七日、上巳の三月三日、端午の五月五日、七夕の七月七日、そして一般に菊の節句ともいわれる重陽の九月九日……このような式日が節句です。これは日常の単調な時間を活性化するために用意された時間でした。日常、すなわち「ケ」が持続すると、「ケ」が枯れて「ケガレ」の状態になります。これらを回復するために「ハレ」の時間を用意したわけです。

昔と違って今日では、多くの脱日常としての遊びが用意されています。たとえば旅行、映画、演劇、音楽鑑賞、外食、飲食、またショッピングなど、日常生活では得られない体験をするさまざまな時間があります。

脱日常的な時間は、今日ますます増大しています。この異常なほど拡大した脱日常性は、工業的社会を目指した近・現代の特性であると同時に、西洋的思考が蔓延していることを示しています

そのような娯楽の中心には、活動的で積極的遊びがあります。そもそも近代化とは西洋モデルの実現に向かうものでした。西洋の文化、思想、そして科学技術を下敷きに組み立てられたものです。けっして東洋モデル、イスラムモデル、アフリカモデルを下敷きにしたものでもありません。そうして生まれた社会認識においては、遊びに対する考え方も西洋

的なものとなります。

同じ余暇活動でも、西洋と東洋とでは大きな隔たりがあります。たとえば「play」という言葉は、ゲーム、闘争、スポーツ、ダンス、あるいは活発に動きまわることを含意しますが、東洋の「遊び」には、水に浮かぶ、野山を楽しむ、遠出して風景などを楽しむ、日常生活から心身を解放する、何ごともせずにぶらぶらする、心を慰める、定職をもたないなど消極的な面が強く感じられます。同じ余暇活動でも、ゆったりとした方に力点をおく東洋的思考と活発に動き回ることを中心に考える西洋的思考との違いがあります。

今日の西洋化は、私たちの脱日常感覚にも影響し、本来の日本的感覚を変容させているようです。

ちなみに、フランスの社会学者ロジェ・カイヨワは、遊びの本質をつぎの四つに分類しました。すなわち、「アゴーン＝競争」、「アレア＝偶然」、「ミミクリー＝模倣」、「イリンクス＝眩暈」です。

アゴーン（競争）とは、平等の条件を設定して相争うものです。スピード、耐久力、記憶力、技量など、競技者が同じ条件のもとでゲームを行うように配慮されたものです。百メートル競走をはじめとしたスポーツ全般、さらにはチェス・将棋などのゲームなどを指します。

アレア（偶然）、すなわちサイコロ遊びやルーレットなどは、遊ぶ人の力の及ばない偶然を楽しむものです。そこでは相手に勝つことよりも、運に勝つことがより重要となります。

ミミクリー（模倣）は、幻想のなかに身をおき、そうした人物として行動することによって、自身の人格を一時忘れて別の人格をよそおう虚構活動です。子どものごっこ遊び、ままごと、仮面舞踏会、芝居やパフォーマンスの演技などです。そのためには活動時の名前も替えたりします。茶の湯の儀礼のための茶名などもその一つです。

イリンクス（眩暈）は、眩暈のような身体的快感に向かうものを指します。たとえば、子どもが父親の手につかまり体をぐるぐる回されるときのような喜びを感じるものです。回転運動、落下運動、加速度や高速度などによる肉体的快感、あるいはものをたたき割るときのような混乱や破壊にともなう精神面の恍惚状態などが体験されます。

そして「超日常的時間」とは、まさに「ハレ」の時間です。それは私たちの日常を離れた超越的な時間です。カミとかかわる祈りの時間であり、宗教、儀礼など見えないものを感じる時間でもあります。古来の祭りはすべてこの時間に属していました。
そこには日常のルール、規範、秩序は一切なく、カミの時間の規範だけがあります。

しかし生きる時間の多様性は、こうしたカテゴリーにはっきり分かれるものではなく、それらカテゴリーの中間に位置するものも多くあります。「日常と脱日常との中間」に位置する時間は、日常生活の一部にもみられますし、また脱日常（遊び）の範疇にもあります。たとえば娯楽としてのゲーム、碁、将棋やスポーツあるいは趣味などは、まさに生活の一部ともいえますが、脱日常的な行為であるともいえます。

「脱日常と超日常のあいだ」もあります。精神性の強い旅などもそうですが、子どもの遊びにも多くの超日常的感覚が潜んでいます。「鬼ごっこ」や「かごめ」あるいは「相撲」などもそのような意味を含んでいます。なかでもどの文化にも見られる鬼ごっこは、カイヨワによれば「幼稚で無邪気な興奮という外見のもとに贖罪のいけにえを選ぶ恐ろしい儀式を隠している」ことになります。また多田道太郎は、鬼ごっこや子とり遊びと神隠しの関連について、次のような指摘をしています。「成人になるべき青年が、鬼に導かれて聖なる世界へ入る。彼らはいったん死んでまた再生する。加入儀礼（イニシエーション）とは、俗なる世界から聖なる世界への移行儀礼である。常世と此世の通り道にいる鬼が両世界の媒介者として存在している」（青柳まちこ『遊びの文化人類学』）。子どもの遊びは他界との関係を秘めているのです。

そして「超日常と日常とのあいだ」に属する時間もあります。たとえば茶の湯の儀礼などがそうです。岡倉天心が『茶の本』で、「茶の湯は日常生活のなかにある美しきものを崇拝することに基づく一種の儀礼である」と述べているように、茶の湯こそ俗なる世界から聖なる世界に向けて行われる儀礼です。日常と超日常の境界に位置し、それらをつなぐものではないでしょうか。さらに冠婚葬祭、そして節句なども、超日常と日常のあいだに位置するものです。

こうした多様な時間を生きている人間にとって「普通」とは大きく「時間」が作用しているように思われますが、やはり「日常的時間」を指すのでしょう。そしてその「日常的時間」は地域、民族など異なった文化においては少々の違いを見ることができます。したがって世界はすべて同じではないようです。そうすると「日常性」「普通」とはそれぞれに微妙な違いがあると言えます。

●——時間と空間

このように人びとがさまざまに異なった時間を生きているとするなら、そこに生まれる空間も多様なものとなります。時間と空間は不可分な関係にあります。つまり空間が時間をつくり、時間が空間を求めます。日常的時間は日常的空間を必要としますが、脱日常的時間は人間の心を解放するような空間を必要とします。

文化的な時間、記憶としての時間、遊びの四要素をともなった時間など、時間の可能性は無限だったはずです。しかし、今日この空間が乱れています。脱日常とはもっと深いものだと私は考えます。あまりに安易な脱日常感覚が蔓延しています。脱日常とはこんなものではないはずです。多分その原因は、日常生活が歪んでいることにあるのでしょう。つまり「普通」をめぐる感覚が歪んでいるのです。「普通」とは退屈であり、その退屈を遊びで補うという社会的な意識傾向がこうした現象を生むわけですが、そこからは日常生活の真の深さ、豊かさ、美しさを理解できない今日的生活の問題点が浮かび上がってきます。

空間が人間の精神とかかわることを発見したのは、日本の文化でした。十五世紀にその姿をあらわした茶の湯のための空間「茶室」は、それ以前の茶の湯の形式、遊興的で快楽的な「殿中茶の湯」に対するアンチテーゼでした。

村田珠光に始まる「わび茶」は、「茶禅一味」、すなわち茶の湯も禅も同じであると考え、茶の湯の精神的な面を浮き彫りにしました。そして珠光、紹鷗、利休と継承されるなかで、その「空間」のあり方を次第に明らかにしていきます。それは室内のデザインと人間の精神とが深くかかわっていることの発見のプロセスでもありました。空間が「わび茶」の精神の世界を見えるかたちで示したのです。

このようにして時間は空間という形において視覚化、身体化されます。空間とは時間を視覚化する一つの方法です。今日、普通の時間が歪んでいるのは、普通の空間が歪んでいるからにほかなりません。それは社会全体が歪んでいることを意味するのかもしれません。


このように、人は多くの異なった時間を自在に生きています。こうした異なったいくつもの時間を想定して「普通」とは何かを考えるなら、普通とはやはり日常的時間に属していると思われます。

今日、日常と脱日常との差異が小さくなっています。日常空間にまるで脱日常空間のようなデザインがなされ、無理に脱日常的なものを持ち込もうとする態度があります。しかし住宅はレストランやバーではないし、またレストランやバーも住宅ではありません。こうした何でもありの傾向が日常性をゆがめており、同時に脱日常性が本来持っている輝き、意味を殺しているのです。そうした思考や態度が、多くのデザイン、さらには人間の暮らしに混乱を招いているのです。

●──記憶とデザイン

「普通」について別の角度から探ってみましょう。多くの人びとが「普通」と感じるものがあるなら、そこには共通した認識や記憶があるに違いありません。しかし認識や記憶は、すべての人に共通するものでしょうか。Aさんが知っていてもBさんは知らないということもよくあります。

デザインの理想として、誰しも国境を超えた普遍性を得たいと考えているのですが、どうしても国境は存在せざるをえません。デザインする人と使う人とのあいだに、固有の文化によってつくられる国境があるからです。デザインとは地域や民族の固有文化に根ざしているものなのです。どれほど時代が変わろうと、どれほどテクノロジーが発達しようと、多くのデザインは記憶を媒介として成立するものなのです。その記憶の深層には、固有のローカリティがあります。

たとえば、イタリアの現代デザインは、きわめてイタリア的です。それは、イタリアの長い歴史、文化的記憶が影を落とし、イタリア人特有の陽気な気質がデザインをつくり出しているためです。

人類が自動車という新たなテクノロジーを手に入れたとき、ドイツ的な合理主義は、多くのものを早く簡単に大量に移動させることができると考えたのですが、イタリア人（未来派）は、そのスピードが身体に与える感覚に酔いしれました。私たちをとり巻く日本の現代デザインにもまた、日本固有の文化的記憶が色濃く反映しています。

そう考えると、「普通」というものの背景には「人びとの記憶」が深くかかわっていることが推測できます。

では、人びとの記憶の全体像はどのようになっているのでしょうか。それは「個人的記憶」「集団的記憶」「前文化的記憶」の結合したものが、人びとの記憶の総体をかたちづくっていると思われますが、その記憶の総体が「普通」という感覚を生み出しているのではないかと私は考えています。

「個人的記憶」は、きわめて内密な記憶であると同時に、その人の生きた時代に規定されています。「集団的記憶」は、文化的記憶といってもよいのですが、特定の地域や民族が固有に持つ記憶であり、自然環境やその風土に根ざしています。

そして、人類という種に共通した根源的な記憶が「前文化的記憶」ですが、人類が言葉を獲得する以前にまでさかのぼる汎人類的記憶です。

たとえば火、水、風、光、音そして太陽などの普遍的な自然が与える感覚は、言葉以前に人類の体内にDNAのように残されているのではないかと思います。「夜の死の世界から復活するように昇る太陽」「トワイライトがもたらす空気感」「山や海に沈む大きな夕日」「朝を知らせる太陽の輝き」「緑の風のさわやかさ」「遠くに見える山々の緑」「小川を流れる清浄な水」など、誰もが美しくなつかしいと感じるものこそ、前文化的記憶として人びとの身体に残されたものではないでしょうか。

人びとが言葉を手に入れたときから、文化は変容します。変容した文化はさまざまな認識と思考を生み出しますが、それらは身体が感じる純粋な感覚とはときに異なったものになり、個人や文化によって差異が生まれます。だからこそ人類の根源的記憶としての「前文化的記憶」こそが、人びとを結びつけているのかもしれないのです。

このように、人びとは多様な記憶を通して、何が普通なのか、あるいは何が普通ではないのかを、判断しているのではないでしょうか。

●――デザインと自然

「普通」を考える上でもう一つ大切なのは、「自然」ということだと思います。「自然」は「ジネン」とも読み、おのずからそうなっている様をあらわしますが、それに対し人工、人為によってなるものが「文化」です。自然とは、人間の力では、変更、形成、規制されることがなく、みずから生成展開するものです。そこには普遍性、反復性、法則性、必然性があります。私たちがこの地球上で暮らすということは、自然のプログラムのなかで生きることにほかなりません。

しかし近代、すなわち十九、二十世紀の文化は自然と対立し、それを克服することに向かおうとしました。自然はテクノロジーによって乗り越えることができると楽観的に考えられました。夜の闇も、夏の暑さも、冬の寒さも、突然起きる自然の猛威も、自然とともに生きることを放棄することで克服しようとしてきました。確かに、現代はまばゆいばかりの光によって夜のなかに昼をつくり出しています。また暑さや寒さは、空調設備によって調整されています。人間にとって自然の最大の恵みである食物も、科学的にコントロールされ変容しつつあります。同時に、冷凍・冷蔵技術による食物保存によって、食物本来の生命性は奪われています。

そうした過剰な行為によって、いたるところで自然災害が生み出されています。はたしてこうした社会は「普通」なのでしょうか。近代化が生み出したのは、人間の身体的安楽を実現するためのものばかりでした。そこに欠落していたのは、人間が本来もっていた身体性と精神性です。人間の生命そのものに対しては、何も確かなものはもたらさなかったような気がします。

自然を考えるとき、もっとも身近な自然は人間そのものです。人間の身体こそ自然です。人間の身体は、どれほどテクノロジーが進歩しようと、その本質は自然と呼応しています。たとえば、春は「木の芽どき」と呼ばれます。「木の芽どき」とは、草木などが芽をふくときのことですが、冬（殖ゆ）に蓄えられたエネルギーが、春（張る）に木の芽をはじき花や葉を開かせる状態をあらわします。この時期は人間の身体も季節と呼応します。木の芽がはじかれる時期は、人間の身体では肝臓にあたる器官の働きが盛んになります。肝臓の機能をフルに活用し、春のエネルギー源をつくり出します。こうした時期には、用心しないと肝臓を傷めることになります。

これはほんの一例ですが、どれほどテクノロジーが発達しようと、人間の体は自然とともにプログラムされているのです。

人間が自然とともに生きているのなら、自然の持つ普遍性、反復性、法則性、必然性から著しくはずれたものに対して、人は「普通」だとは思えないのかもしれません。

人が「普通」と感じることには、時間や空間や記憶や自然がかかわっていました。しかし現代の生活は、ピュアな時間や記憶や自然からかなりかけ離れた状況にあります。つぎになぜこうした状況が生まれてしまったのかについて、考えていきます。

近代がつくり出した文化

●──科学万能主義的世界観

一八五一年、ロンドンのハイドパークで開催された大博覧会は、世界に強烈な印象を与えました。産業と技術が結合したこの博覧会は、新たな時代の到来を告げ、その後の政治、経済、産業、生活を根本から変更することになりました。博覧会のシンボルとなったクリスタル・パレスのデザインの異様さはもとより、その背後にある建築の考え方が世界観を変えてしまったのです。

博覧会は、高級官史であったヘンリー・コールの発案で行われました。一八五〇年に国際コンクールとして行われたデザイン募集に際して要請されたのは、「短期間での建築」「簡単な解体」「不燃性」「屋根からの彩光」「二階建て」というものでした。これは「二階建て」という条件以外は、近代建築が目指すテーマであり、これらが課題になったところから近代建築がはじまったのではないかと私は考えています。しかしコンクールは思わしくない結果に終わりました。提出された二四五の計画案のほとんどが「ヨーロッパ折衷主義的な建築」だったからです。それは時代の要請に対する問題解決がみられないものばかりでした。つまり新たな概念を受けとめることができなかったわけです。

紆余曲折の果てに委員会はコンクール外の作家で、園芸家であったジョセフ・パクストンを選出することになります。パクストンはただの職人ではなく、温室の建築にも豊富な経験があり、労働を科学的に組織する能力も持ち合わせていました。この労働の科学的組織こそ、近代という時代をつくる大きな理念になります。ともあれロンドン博は、一八五一年五月一日に開会しました。

結果、クリスタル・パレスは革新的思考を象徴する建築になりました。それは、「標準化されたモデュール」によるものでした。ここではじめてモデュールという概念が生まれます。それは建築の工業化を示しています。実は建築のモデュール化に世界で最初に挑戦したのは、日本の室町時代に生まれた「書院建築」でした。書院建築は三尺×六尺という空間のモデュール化をはかることによって、建築工事の分業化を実現しました。クリスタル・パレスには「標準化・モデュール」「平屋根」「ガラスの大量使用」「ラーメン構造」「プレストン・コンクリートの大梁」「カーテン・ウォールの先駆的使用」など、近代建築の基本手法として定着するボキャブラリーが、すべて盛り込まれていました。

何よりもパクストンの功績は、建築と工業技術を結びつけたところにあり、事前に建築予算を見積もることを可能にし、工期を算定できるようにしたことにあります。この問題こそ、コスト・スケジュール管理を重視する近代産業のテーマそのものでした。こうした機械技術的な建築に対し、ジョン・ラスキンやウィリアム・モリスは「気品ある壮麗さに欠けた建築」であるとして異議を申し立てますが、一方でヘンリー・フォードによる自動車産業などの発展に寄与することにもなります。

産業革命の成功は、科学万能主義的世界観を生み出しました。こうした事態に多くの芸術家たちは反発します。ドストエフスキーは『地下生活者の手記』(1864)で、クリスタル・パレスやその産業構造をめぐって「一切が科学で説明されつくす、未来の合理的世界、画一的な管理社会にはげしく抵抗」します。ボードレールは、「合理的世界の画一性が大衆文化の基盤になることをおそれ」、拒否反応を示し、現代社会の行く末を予感しました。合理主義の手法は、芸術家たちを除いて、半ば新たな社会常識となります。科学技術は、地域や民族の固有性をおしのけて、次第に世界へと浸透し近代化を支えるものになりました。しかし文化におけるローカリティは、そう簡単に排除できるものなのか、またそうした合理性だけで人間は生きられるのか、といった疑問も生まれます。

●——近代化とは何か

近代化とは何かについて考えてみましょう。近代化は、一般には西洋モデルの世界的実現を目指したともいわれます。あくまでも西洋の文化を下敷に組み立てられた文化形式です。決して東洋モデルでも、イスラム・モデルでも、ましてやアフリカ・モデルでもありません。東西の冷戦終結後に生まれたさまざまな地域紛争やアメリカとイスラム圏の確執の根本には、ローカリティ、すなわち民族や文化の違いが横たわっています。近代化には、産業化、資本主義化、合理化、民主化、都市化、情報化など多様な特性が存在しますが、文化的視点ではなく、科学的視点が下敷にされていることはいうまでもありません。しかし科学的とはいっても、その底辺にはそれぞれの地域や民族が持つ歴史、習俗、伝統といった固有の文化が存在します。そこが今日いたるところで衝突しているわけです。いわゆる先進国は、西洋近代主義を全人類のゴールとし、発展途上国の現状は過度的な状況ととらえていますが、文化の問題を無視して近代化そのものが成立するのかを問いなおす時期にきています。

近代化の基本は、「産業化」「資本主義」「国民国家」でした。今日それぞれに、大きな矛盾をかかえていますが、近代化の成功は産業化の成功にもとづいています。当初の「産業化」とは、「動力革命」と「都市化」のことでした。

「動力革命」は、一七八五年蒸気機関の発明にはじまり、交通革命、機械工業の発展、通信革命までを含みます。これらの新しい科学技術は、古い文化を根本から変えることになりました。さらに、「都市化」によって人口問題、環境問題、住宅問題、そして労働問題を生み出します。近代は、人口増加と農村人口の都市への移動の時代でもあります。

十九世紀の急激な人口増加の状況は、一八〇一年に九〇〇〇万人だったイギリスの人口が、一九一一年には三六〇〇万人に達するという事実に象徴されています。ドイツでは同時期に二四五〇万人から六五〇〇万人、イタリアでは二五〇〇万人から四一〇〇万人、アメリカにおいては、一三〇年間に五〇〇万人から何と一億二三〇〇万人にまで膨れ上がりました。その理由はまず、食料事情と衛生状態の改善にあります。農業と医学の進歩によるものです。つまり近代は、最低限の食の確保と、衛生化をもたらした時代でもあったのです。その結果、乳幼児の死亡率が低下しました。そうはいってもイギリスのスラム街では、二万一〇〇〇人の子どもたちのうち二万七〇〇〇人が、五歳になる前に死んでいたという報告もあります(ジョスラン・ドゥ・ノブレ『近・現代デザイン発達史序説』)。

こうした人口増加は、農村から都市への人口流入をひき起こしました。イギリスの都市人口比率は一八〇一年には二〇%でしたが、一八九一年には七二%と急増しています。ドイツの農村人口は、一八七一年の六四%から一九一四年の三七%に、アメリカの都市人口は、一八六〇年の二〇%から一九一〇年の四〇%、一九五〇年の六〇%と、近代化を目指した国ではすべて、農村人口と都市人口の劇的な逆転がありました(ヴィットリオ・M・ランプニャーニ『現代建築の潮流』)。このように、一次産業にたずさわる農業人口が、近代が生み出した二次産業、三次産業の労働人口として都市へ大量移動したわけです。急速に膨れ上がった都市はすぐに住居問題をかかえ、スラムが生まれます。スラム街の劣悪な環境は、衛生問題をひき起こしました。近代が衛生の時代だとされるのは、ほかならぬこの過剰な都市化を背景としていたのです。

住宅問題は長いあいだ、近代社会の大テーマでした。近代化のもっとも進んだイギリスの都市住宅の状況は、ブリストルでは全世帯の四六％が一部屋に住んでおり、ロンドンのイーストエンドでは、一四〇〇の小家屋に一万二〇〇〇人が住んでいました。ハノーヴァー・スクウェアでは四〇八世帯が二室の住宅、九二九世帯が一室、そして六二三世帯はただベッドだけの部屋に暮らしていました。ロンドン、マンチェスター、リヴァプールでは地下倉庫を住宅に使う例も珍しくなかったようです。こうした爆発的な都市への人口流入も、都市計画の対象とはされずに放置されたままでした。それらは既存の建物に吸収され、不足分は中庭や、空地にバラックをつくることで対応していました。

産業革命後に起こった急激な都市の拡大にともなう矛盾は、すべてが未解決のまま放置され、さまざまな問題をひき起こします。

初期の合理主義の時代がスタートした二十世紀初頭のヨーロッパやアメリカでは、すでに「工業化」という概念が広く定着しはじめていました。そもそも啓蒙主義的思想からはじまった近代の建築、デザイン、芸術は、基本的人権への要求から出発したものでした。「生活、自由、所有、幸福に関してすべての人びとに同様な権利が認められる」という主題には、誰も反対する理由はありませんが、一九世紀の人口増加と都市への人口流入により、とりわけ都市においては資本家と労働者の対立の構図が鮮明に浮き彫りにされるようになります。

資本家は利益拡大のために、工業化を推進し、労働者の労働強化を苛酷に推進しました。この場合の工業化は、人びとの幸福のためというよりも、資本家の利益のためのものでした。一方で、この時代の社会において産業化は、都市問題、住宅問題を解決するためには、どうしても必要なものでもありました。人間の幸福を考えるか、資本家の利益を考えるかは、工業化をめぐる重要なポイントです。そうしたなかで、多くのアヴァンギャルドな建築家、デザイナー、芸術家が、近代化や工業化を基盤としつつ、社会・文化・芸術の融合をはかると同時に、合理主義的思想を深めていったのです。

建築やデザインはさまざまなプロセスを経て、合理主義にいたりました。建築とデザインにおける合理主義の理論的前提は、以下のようなものでした。

❶——都市計画、建築、工場生産におけるデザインは、形態追求の個人的楽しみではなく、よりよい社会を築くための論理的営為である。

❷——住宅をすべての人に供給するために、経済性を追求し、合理的な土地利用、安価な建築方法、最小限の平面構成、抑制されたデザインを実現する。

❸——工業技術の標準化、プレハブリケーション、複製可能な建築デザインの追求。

❹——個別の住宅よりも集合住宅の建設に優位性を置く。

❺——個人的な仕事より集団的、学際的チームによる仕事に優位性を置く。

❻——建築形態の合理性、機能的、構造的視点から方法論を発展させ、創造の個人的恣意から離れ、集団的コントロールが可能な理論的存在とする。

❼——形態は条件、課題によって異なるので、建築の共有可能な態度は存在しても、共通の形態言語は存在しない。

近代化は、政治形態、テクノロジー、コミュニケーションなど、社会構造を大幅に変えました。こうした社会の変化にともなって、「普通」の概念も変わりました。「近代デザイン」の歴史は、社会を普通の思考、普通の秩序に向かわせるための戦いの歴史でもあります。

合理主義が、人びとが自由で公平に生きていくための仕組みと秩序をみつけるための行為であるなら、それは近代において「普通」を考えるための手段だったともいえます。しかし合理主義的思想も、本来の「普通」からは、ほど遠いものに向かいました。なぜなら科学万能主義的世界観には、多くのものが欠落していたからです。

●——アヴァンギャルドの思考

こうした近代の流れのなかに「アヴァンギャルド」と呼ばれる芸術、デザイン、建築の潮流が生まれました。冒頭に述べたように、一般の人びとの「デザイン」という言語から受ける、変わったこと、驚くようなこと、ほかで見たことがないようなものをする営為であるという印象は、近代の「アヴァンギャルド」の精神が正しく理解されないまま、歪んだかたちで今日まで継承されてきたためだと思います。本来のアヴァンギャルドとは、社会、文化、そして建築、デザイン、芸術によって「時代が必要とするテーマ」と「古い時代の因習」とのあいだに生まれる、意識・認識の差を埋めることでした。それはまぎれもなく、新たな時代の「普通」を探すことでした

そもそも「アヴァンギャルド」とは、軍隊の先頭に立って未知の敵と接触する「尖兵」のこ

とですが、転じて、芸術上の「前衛」を意味する言葉として広く伝わりました。決して変わったことをすることが目的ではなく、社会の先端で近代社会の定義、普通をみつけるための行為でした。この運動は、絵画や彫刻のみならず、文学、演劇、映画、舞踊、写真、そしてデザイン、建築などの幅広い世界を包み込み、西欧やアメリカをはじめ、東欧、ロシア、日本にまで広がっていきました。

芸術の前衛が目指していたのは「伝統的な芸術の規範との戦い」「前近代的な社会秩序との戦い」であり、そしてここが建築に見られる合理主義とは異なるのですが、「大量に生産される既製品や合理的にしか考えない建築、そしてテクノロジーに対しての戦い」でした。つまり、合理性と精神性に対する問いかけだったわけです。そのため、それまで芸術として認められなかったものを分解し編成しなおすコラージュのような手法の導入、無意識の世界への注目、写真や映画などの新しいメディアの積極的な利用などが行われたわけです。

古い因習との戦いには、「古い時代の思考と新たな時代との認識の差をどう浮き彫りにするか」という問題と、「それらをどのような方法によって変換するか」という二つの視点が不可欠です。それは、新たな普通の追求でした。アヴァンギャルドは、それぞれに少々の温度差をともないながらも、さまざまな方向、方法をつくり出してきました。

マチスを中心に伝統に縛られない色彩の自立と感情の解放を見せた「フォービズム」、それに影響を与えたゴッホやゴーギャン、精神的な危機や自然の根源に向けられた思索、内的感情と前衛意識に彩られた「ドイツ表現主義」「ブリュッケ」、ロシア人のカンディンスキー、ドイツ人のフランツ・マルク、スイス人のシェーンベルク、フランスのルソーとドローネなど国際的なメンバーによる芸術運動「青騎士」、アフリカ彫刻からのイメージを復数視点の図像として構成したピカソとブラックの「キュビズム」、汽船、機関車、飛行機、自動車を讃え、労働と工場と大衆の近代的エネルギーを讃え、美を速度に求めた政治的で前衛的な意識をもったマリネッティやジャコモ・バッラらの過激集団「未来派」、マレーヴィッチの「シュプレマティズム」、個人的な表現を対象とした芸術ではなく、客観的で普遍的な表現を求めたドゥースブルフやモンドリアンの「デ・シュティール」、市民社会の文化や倫理、合理性などを攻撃する「ダダ」、精神の自由、生きるための自由を直接的思想としてのイメージ、言葉、無意識のオートマティズムで表現した「シュール・レアリズム」……このように、社会の秩序と人間の精神をテーマとして新たな社会をつくり出そうと試みたものが、「アヴァンギャルド芸術」でした。

アヴァンギャルドは「一九七〇年代の大衆社会の爛熟のなかで衰退した」と一般的には考えられています。前近代から近代に移行する際に生まれた認識の差をはらみつつも、大衆社会の爛熟とともに近代が求めた社会が一応達成されたと考えられたとき、アヴァンギャルドの精神と活動も消えたとみなされたわけです。

しかし困ったことに、アヴァンギャルドという表層的表現スタイルは、何の目標もないいまスタイルとして依然として残り続けています。こうした「目的なきアヴァンギャルド」と今日のデザイン活動とが、いまだに混同されているのです。

しかし……一九七〇年代の大衆社会は、はたして近代が求めた真の大衆社会を形成したのだろうか、……大衆社会は歪んだ大衆意識を生み出していないだろうか、……資本主義社会の経済活動は本当に大衆に対して公平なのだろうか、……労働と大衆は幸福な関係を結んでいるだろうか、……そして政治は真に人びとのためになっているのだろうか……など、多くの疑問が残ります。


これまでは、さまざまな角度から「普通」を検証してきました。次に「普通とは何か」について、あらためて考えてみたいと思います。「普通のデザイン」に対する「普通でないデザイン」「脱日常的デザイン、超日常的デザイン」も含めて検討していくことにします。

日常性・身体性の回復

●――普通に関する考察

これまで種々の問題を考察してみて、次第にわかってきたことは「普通」とは必ずしも世界の共通認識ではないということでした。人間の記憶という点からみると、地域や民族に固有の文化体系の背後には「集団的記憶」「文化的記憶」が存在しています。「集団的記憶」「文化的記憶」は、ある文化の内側にいる人びとにとって共通の記憶であり、そこで生まれた「普通」の感覚は、その同質文化内にいる人びとに共有されています。さらにそれぞれの人間には固有の記憶があり、その「個人的記憶」はその人が生きた時代、個人的な体験などで彩られています。そしてそれでも……ここが大切なのですが……「前文化的記憶」に照らし合わせてみると、人類の深層には共通した認識もあるのです。

さらに時間という視点によれば、人間はつねに同じ時間を生きているわけではありません。「人間の生きる対象となる時間」には、「日常的時間」「脱日常的時間」「超日常的時間」があります。人びとはそれぞれの異なった時間を過ごしているわけです。それぞれに異なった時間において「普通」とは何かを考えるのは、とても難しいことです。

普通の持つ適合性ということでは、それぞれの時間はそれぞれの役割をもっています。日常的時間においては、おだやかで、健全で、清潔で、簡便なことが普通とみなされるでしょう。しかし脱日常的時間では、そうしたおだやかさの対極のなかで時間は展開します。さらに超日常的時間は、日常の規範や秩序から離れた、いわばカミの時間です。そうしたところに普通という概念はあるのだろうか、という問題も浮かび上がります。

そして自然という視点によれば、自然的でないことは「普通」ではないとみなされます。人間が自然とともに生きるなら、自然の持つ普遍性、反復性、法則性、必然性から著しくはずれたものは普通ではありません。

つまり「普通」という感覚は、人間の基礎生活における認識であるのかもしれません。

今日、社会はグローバル化に向かっています。地域や民族の固有性を超えたところで、文化を成立させようとしているわけです。こうした文化のなかで「普通」を考えることは、実に悩ましいものです。

「普通」をめぐる認識の差異が、いたるところで摩擦を生んでいるのも確かです。しかし今日私たちは、人にはそれぞれ違いがあることを前提としながらも、対立ではなく理解を目指し、共通の認識を探し出そうとしています。二十一世紀の文化とは、そうした共通性、共同性の発見の上にこそありうるのではないでしょうか。

●——近代合理主義によって失われた普通

「普通のデザイン」への注視は、無意味に過剰なデザインが氾濫する現代社会に対する警告からはじまったものです。

現代社会において、なぜこのような現象が起きてしまったのでしょうか。

普通という感覚を大幅に変質させたものは、近代化でした。もちろん、近代は新たな「普通」を生み出そうとした時代ではありました。産業化は都市問題とそれにともなう住宅問題を生み出しましたが、デザイン、建築、芸術、文化はそれらの解決のためにあったわけです。ただし問題なのは、その解決が工業化と科学技術によって行われようとしたことです。それは決して間違った方向ではなかったのですが、行きすぎた部分もありました。ドストエフスキーは、「一切が科学で説明され尽くす未来の合理的世界、画一的な管理社会」に激しく抵抗し、ボードレールは、そうした合理的世界の画一性が大衆文化の基盤になることを恐れました。

しかし合理的思考は二十世紀のすべての文化に影響を与えています。

二十世紀の文化が、物質文化であったことはいうまでもありません。人びとはものを与えられることによって喜びを感じ、物質文化に期待しました。確かに、ものが不足している時代にものを与えられることはこの上ない喜びです。しかし人がひとたびものを手にすると、ものに対する期待や欲望は連鎖的に増大します。多くのものは利便性のために生まれました。それは身体的安楽をもたらします。ものは人の手の役割を担い、脚、体、あげくには人間の脳の役割までも代行してくれるかのようです。そして次第に人は機械に頼る生活を行うようになってしまったのです。

確かに今日だけではなく、人は多くのものとともに生きてきました。暮らしは、さまざまなものによって支えられています。儀礼や祭礼のための道具、茶の湯や芸能のための道具、季節とともにくり返される節句や日常を離れた娯楽のための道具、遊びのための道具など、人びとの暮らしを豊かにするための道具に満ちあふれていました。そして、何にも増して日常生活のための道具が、人びとに豊かな暮らしをもたらしてきました。

しかし二十世紀の生み出したものははたして、人びとに真に豊かな暮らしをもたらしたでしょうか。


暮らしとは必ずしも利便性だけで語れるものではありません。不便でも使いにくくても、人に愛されるものは多くあります。使うのが難しい道具は、うまく使えるようになったときに無類の喜びを感じさせてくれます。そうして人とものの距離が近くなります。そして人はものに愛着を感じます。

今日のユニヴァーサル・デザインが目標としている、どこでも、誰でも、壊れないで使うことができることは、愛着を感じるどころか、粗末に扱われる道具を量産しかねません。ガラスのコップは落とすと割れます。それを知っているからていねいに使うのです。利便性だけが、ものの価値であるなら、使えなくなったらものは捨てられます。なぜならこの世界にはどんどん便利なものが生まれるからです。そうして、人びとは便利一辺倒な世界で「身体性」を失っていきます。そうした人間とものの関係は、決して「普通」ではありません。

近代合理主義は、科学技術、工業技術のもつ論理的客観性を普遍的価値とし、地域や民族の固有文化、歴史、慣習、伝統など、人びとの慣れ親しんだものを、過去の体系として切断し、価値の下落をはかりました。そうした固有の文化をすべて捨て去り、カミをも切り捨てることによって、近代合理主義の世界は達成されたのです。しかし実際にはそれらを根絶することなどできるはずはありません。そう考えると、「普通とは必ずしも世界に共通したものでもない」ことが重要になってきます。普通というものが、日常性に立脚しているかぎり、どれほどテクノロジーが発達しようと、どれほど西洋近代化が蔓延しようと、地域の風土、歴史、伝統をそうそう変えることはできません。

だからといって、世界の「普通」はそれぞれ異なるものであるという結論にはなりません。普通をつくり出しているものが、時間であり、記憶であり、自然であるなら、地域や民族の固有文化の上に、人類共通のものがあるはずです。そして二十一世紀の文化の課題は、それぞれの固有性を理解した上で、「普通・ノーマル・スタンダード」をみつけていくことにこそあるのだと、私は思います。

●——美は普通のなかにある

明治の近代化は、日本の文化のなかに美術と芸術という概念を移植しました。本来、日本の文化には、美術や芸術というカテゴリーはありません。今日でいう「日本の美術品」はすべて「道具」でした。中世絵巻や水墨画も、雪舟の大和絵屏風も永徳の障屏風も、狩野派の風俗画も、宗達・光淋の工芸も、もちろん日用のためのものも、すべて道具でした。道具は、生活や儀礼や芸能のために使われます。刀や槍のような武具も道具でした。日本の文化にとって、道具とは使えるものにほかなりません。

貴族の暮らし、武家の暮らし、裕福な人びとの暮らし、庶民の暮らしと、さまざまな暮らしがありますが、道具とは一様に暮らしのためのものです。こうした道具のなかにこそ「美」は存在したのです。それらは、どのレベルの暮らしにおいても、それぞれの日常生活をつくり出すものです。「美」は日常のなかにあるのです。それは普通の暮らしのなかにあります。「普通のデザイン」にとってもっとも大切なのは、美しいかどうかということです。美とは決して高価なものを指すわけではありません。どれほど質素で素朴なものでも、美しいものと、美しくないものがあります。それはおそらく普通であるか、否かの違いにあるのだと思います。

ものには普通のものと、普通ではないものがあると冒頭に述べました。その際、普通のものとは日常的なものであり、普通でないものとは、脱日常的、超日常的なものだと述べました。デザインは、こうした相反する二つの状況に包まれながら生きています。そして美はそれぞれに存在し、私たちの暮らしを豊かにしています。「普通のデザイン」の多くは、日常性のなかにあります。決して「普通のデザイン」とは退屈なものでも、消極的なものでも、ましてや否定的なものでもありません。

おわりに——デザインと一九六八年問題

デザインにとって、第二次世界大戦後今日にいたるまで、もっとも大きなターニング・ポイントは一九六八年の出来事でした。一九六八年はいまだかつて類をみない年です。ポーランドもチェコスロバキアも、イタリアもフランスもアメリカもメキシコもそして日本でも……。当時、それぞれの国の文化は今日では考えられないほどに異なっていました。にもかかわらず反体制的思想のうねりが世界中に自然と湧き起こったのでした。一九六八年がユニークなのは、人びとの争点がばらばらだったところにあります。また反体制運動は計画的なものでも、組織化されたものでもありませんでした。しかし手法としての反体制運動が近代の社会の矛盾をあばき出していったのです。

一九六八年の歴史的背景として、四つの問題があげられます。それは「アメリカの公民権運動」

「いかなる権力をも受け入れない世代の存在」「泥沼化したベトナム戦争」「テレビ・メディアの登場」です。

とくに報道メディアとしてのテレビは、抗議運動家の作戦を大きく変貌させました。「マスコミの見ていないところの抗議はないに等しい……」という具合に、まずニュースにとり上げられるという運動手法が、抗議運動においてクローズアップされます。おりしも報道技術の革新は、ビデオテープや衛星通信を生み出していました。またテレビ番組の視聴率競争は、人気キャスターをつくり出していました。ニュースと娯楽の融合です。キャスターは、政治的意見を述べつつもエンターテイナーとしての役割もこなすことになりました。世界中がその日に起きたことを、その日に知ることができる時代を迎えたわけです。こうした事態は世界中で起き、政治、社会の矛盾を一気に展望することを可能としたわけです。それは世界を揺るがすことのできる報道の出発でした。

世界の抗議対象は同一なものではなかったにもかかわらず、こうしてその地域・民族、いってみれば、国家がそれぞれに抱えていた問題に対する抗議の方法が伝えられていきました。それは悪くいえばスタイルとしての抗議だったのですが、一方で、そうした揺さぶりが本質を突くことにもなっていったわけです。

アメリカの「公民権運動」とマーティン・ルーサー・キング、そして「ベトナム戦争」、ポーランド、ワルシャワ大学での抗議デモ、チェコの文化的状況と「プラハの春」、フランスからの「アルジェリア独立」、そして「パリの五月革命」……さらに世界中に飛び火した学生運動。これらの背後には東西の冷戦、人権問題、人口増加、物価の高騰、失業者、さらに固有の政治問題など、さまざまに異なった問題がひかえていましたが、一九六八年は、そうした問題を浮かび上らせ、抗議手法も提示したわけです。

これらの問題は、デザイナーがデザインをするというテーマにおいて、新しい大きな視点の存在に気づかせることにもなりました。一九六〇年代末のフランスの学制改革に端を発した構造的運動は、その根幹となった学制改革を超え、近代社会が内包する構造的矛盾を洗い出す運動へと発展していきました。それは、それ以前の階級闘争とは異なり、学生を中心に知識人、芸術家、デザイナー、先端産業の若い技術者など、次の時代を担う若い勢力によって担われていました。一九六八年、パリの「五月革命」にはじまるこうした状況は、その後多くの国へと飛び火しました。それ以前の闘争とは明らかに異なったラディカルな闘いは、文化的そして知的な革命であり、何よりも新たな「認識」の闘いでした。六〇年代末を迎えて、先進諸国はある種の繁栄を手に入れていました。かつての経済的、そして物質的な闘いは、急速に減退し、既成の左翼勢力や労働組合を中心とした革新勢力は、その争点を見失い、急速に保守化の傾向を示しはじめていました。

こうした地崩れ的現象は、社会構造をますます硬直化させ、制度化、規範化への拍車をかけることになったわけです。ところが実は、この時期を境に、人びとの生活意識、社会認識は、経済の安定とともに、大幅に変化していたのです。情報化社会に向けた急激な技術革新は、現実の社会と社会構造のあいだに大きなギャップを生んでいました。

一九六八年パリの「五月革命」「第十四回ミラノトリエンナーレの一時封鎖」、日本においては「アンダーグラウンド演劇集団の隆盛」「ベトナム反戦とフォーク集会」、そして「国際反戦デー」。こうした一連の動きは、工業化社会の歪みに対する新たな認識の闘争であり、一方では制度と規範によって抑圧された人間の心の叫びでした。こうした事態を前にして、デザイナーはデザインという活動を通して、新たな社会制度の構築に向けて参加したのです。それは、みえにくくなってしまった個人の固有的価値を浮かび上らせる行動へと発展しました。六〇年代末から七〇年代の前半は、もっとも激動した時期でした。このころ急速に発達したテクノロジーが、社会認識の変化を増大させ、その後の社会のあり方をあらためて洗いなおすことが必要とされたわけです。近代合理主義の理念、モダニズムは、このころすでに崩壊していたのです。

当時、こうした事態を前にして、デザイナーが問題とすべきテーマを、私なりに四つに整理してみました。

まず最初が、「個人の固有性を尊重できるか……」というテーマです。この時代、工業化社会はすでに成熟期を向かえ、工業化社会固有の秩序・規範によって人びとはコントロールされていました。工業化社会とは、社会のなかに個人をあてはめるものです。一九六八年のレボルーションの下敷としてあったのは、自由な個人……個人の固有性を尊重する社会……まさに「社会のなかの個人」ではなく、「個人のための社会」の実現を目指そうという試みです。

情報化社会とは個人の尊重でした。折しも、アラン・ケイがパーソナル・コンピューターの概念を発表したのが、まさに一九六八年でした。このレボルーションは、工業化社会の理念と情報化社会の理念との狭間に生まれたものでした。こうしたことが、近代アヴァンギャルド理念の崩壊に繋がっていきます。

次に、「地域・民族の固有文化を尊重できるか……」というテーマが浮かび上がりました。

近代社会は、多くの地域・民族の固有の文化・伝統・歴史・慣習を抹殺することによって、成立しています。しかし実際にはどれほど近代化が蔓延しようと、多くの地域・民族は生活の基盤を固有の暮らし、ローカリティーのなかに求めています。地域・民族の思考は必ずしも同一のものでもなければ、すべてに画一的なものでもなく、また、それぞれの文化には固有のイメージと象徴体系が存在しています。二つ目のテーマは、こうした文化を尊重できるかということでもありました。大切なのは、異なる文化を排除するのではなく、融合することだと考えたわけです。

そして、三番目のテーマが「歴史に学ぶ……」ということでした。私たちの暮らしは、まるで歴史とは無関係なものととらえられているかもしれませんが、歴史は決して分断されたものではなく、綿々続いて今日を性格づけているものです。歴史に学ぶことは、ほかならぬ近代が歴史を否定し、合理性だけを理念としてきたのに対し、文化の正しい根拠に立ち返ることでもあります。地域・民族に継承された歴史、そしてそこから生まれた知恵は、地球上すべての人類に共通した資産だと考えることこそ、「歴史に学ぶ」ことだと考えました。

そして、最後が「地球規模で考える……」というテーマです。当時の国際社会と産業構造を考えたとき、公害は単に一地域であることを超え、グローバルな影響力を示していました。

近代化以降の負の遺産として社会構造を考えてみると、これらのテーマは国際的視野で扱わなくてはならないものです。近代は決して負の遺産ばかりつくり出したわけではありません。むしろ、多くの有意義な遺産を人類に与えたこともまた事実です。しかしそうした遺産をどのように扱うべきかが、二十世紀においてはまだみえていなかったわけです。二十一世紀は、地球環境問題だけではなく、すべてを切り捨てることなく、地域規模で考えるべきときなのでしょう。

一九六八年を私なりに整理したテーマが、二〇〇七年のいま、はたしてどうなっているのかをあらためて考えてみたのが、この講演録だったような気がしています。結論からいうと、何ひとつ変わってないどころか、事態はますますまずい方向に向かっているように思えます。今日、デザイナーがもっとも考えなくてはならないのは、あらためて一九六八年に提起された問題でしょう。一九六八年は私がデザインをはじめて間もないころでした。したがって私のデザインは、ここから出発して、迷ったときにはいつもここへ戻りました。

こうして数年にわたる講演をまとめてみると、多くのことに気づかされます。これらの話が何かの役に立ったのかと、問いなおすことにもなりました。「デザインとはまず人間の行動・思考に関する人類学的考察が必要であり、そのビジュアル表現がデザインである」というエットーレ・

ソットサスの言葉も、あらためて思い出されました。デザインとはすべて観察からはじめるものなのです……。

これらを出版物としてまとめ、私のつたない文章を整理してくださった、工作舎の米澤敬さんに感謝いたします。そして膨大な資料を整理していただいた長谷部匡君、佐賀麗菜さんに感謝します。

二〇〇七年五月 自宅の書斎にて

内田 繁 *Shigeru Uchida*

インテリアデザイナー。一九四三年横浜生まれ。一九六六年桑沢デザイン研究所卒業。専門学校桑沢デザイン研究所所長などを歴任。毎日デザイン賞、商環境デザイン賞、第一回桑沢賞、芸術選奨文部大臣賞等受賞。紫綬褒章、旭日小綬章受章。日本を代表するデザイナーとして商・住空間のデザインにとどまらず、家具、工業デザインから地域開発に至る幅広い活動を国内外で展開。代表作に山本耀司の一連のブティック、ホテル イル・パラッツォ、神戸ファッション美術館、茶室「受庵・想庵・行庵」、門司港ホテル、オリエンタルホテル広島、ザ・ゲートホテル雷門ほか。メトロポリタン美術館、サンフランシスコ近代美術館、モントリオール美術館、デンヴァー美術館等に永久コレクション多数。著書に、『プライバシーの境界線』住まいの図書館出版局（1995）、『日本のインテリア全四巻』六耀社（1994-95）、『インテリアと日本人』『家具の本』晶文社（2000, 2001）、『内田繁 with 三橋いく代 インテリア・家具・建築』六耀社（2003）、『茶室とインテリア』『Designscape』工作舎（2005, 2009）、『戦後日本デザイン史』みすず書房（2011）、『日本インテリアデザイン史』（共著）オーム社（2013）などがある。

普通のデザイン

発行日——二〇〇七年六月三〇日第一刷　二〇一九年四月二〇日第五刷

著者——内田 繁

編集——米澤 敬

編集協力——長谷部匡＋佐賀麗菜（内田デザイン研究所）

エディトリアル・デザイン——宮城安総＋小沼宏之

印刷・製本——文唱堂印刷株式会社

発行者——十川治江

発行——工作舎

〒169-0072 東京都新宿区大久保 2-4-12 新宿ラムダックスビル 12F

phone: 03-5155-8940

URL: www.kousakusha.co.jp

e-mail: saturn@kousakusha.co.jp

ISBN978-4-87502-402-6

茶室とインテリア
◆内田繁
玄関を入ると靴を脱ぎ、床に座りたがる日本人の身体感覚を活かす空間デザインとは？　日本の伝統文化のデザインを通じ、暮らしの将来を描き出す。
●A5判変上製●152頁●定価　本体1800円+税

五つの感覚
◆F・ゴンサレス＝クルッシ　野村美紀子＝訳
科学とヒューマニズムの世界の懸橋になりたいと願う病理学者が、香り高い文体で人間の五感をめぐるエッセイを綴る。「胎児も痛みを感じる」「人を癒す音楽」「聖者の芳香」など。
●四六判上製●224頁●定価　本体2000円+税

空間に恋して
◆象設計集団＝編著
神と人の交信の場「アサギ」テラスを設けた名護市庁舎、台湾の冬山河親水公園、十勝の氷上ワークショップなど、象設計集団の場所づくり三三年の軌跡の集大成。
●B5判変●512頁●定価　本体4800円+税
摩天楼とアメリカの欲望
◆トーマス・ファン・レーウェン　三宅理一+木下壽子＝訳
一九世紀末から二〇世紀初、アメリカに出現した摩天楼。神々しくそびえ建つ姿は、富とビジネスの象徴であるとともに、天に憧れた人類普遍の夢の象徴だった。
●A5判上製●388頁●定価　本体3800円+税

迷宮
◆ヤン・ピーパー　和泉雅人＝監訳　佐藤恵子+加藤健司＝訳
クノーソスの迷宮神話は都市の隠喩である。これを始点に、祝祭行列、地震都市など建築・都市計画の中に見出される「迷宮的なるもの」という元型観念の変容を解読する。
●A5判上製●436頁●定価　本体4200円+税

ジオメトリック・アート
◆C・シュワーベ+石黒敦彦　土肥博至＝監修　杉浦康平＝編・造本
対称性、空間分割するデザイン、組む・結ぶデザイン、動きのデザインなど、美しく不思議な「幾何学モデル」が満載のヴィジュアルブック。オールカラー。
●A4変型●230頁●定価　本体3900円+税

カオスの自然学

◆テオドール・シュベンク　ジャック・クストー＝序文　赤井敏夫＝訳

水や大気が生み出す形態には、生命の誕生、群体のオーガニズム、言語の発生などの謎を解く鍵が秘められている。一八〇余点の図版・写真による流れの万華鏡を収録。

●四六判上製●328頁●定価　本体2400円+税

円相の芸術工学

◆吉武　泰水＝監修　杉浦康平＝編

神戸芸工大レクチャーシリーズ第一弾。文化人類学、禅、精神病理、マルチメディアなどさまざまな分野の一〇人のエキスパートによる円相を主題としたレクチャーを収録。

●A5判●296頁●定価　本体2500円+税

アジアの形を読む

◆形の文化会＝編

グラフィックデザインの杉浦康平によるアジアの宇宙観「日月照応」、物理学の伏見康治による「紋と文様」をはじめ、金平糖、龍とナーガ、水引、酒船石などをめぐる論文集。

●A5判●252頁●定価　本体2000円+税

芸道の形

◆形の文化会＝編

善竹十郎の「狂言の型と技」、田口和夫の「能の形」をはじめ、茶道、能、狂言、和菓子など、趣深い日本の伝統芸能の数々を「形」の切り口で論じる。

●A5判変●220頁●定価　本体2500円+税

花と華

◆形の文化会＝編

唐草模様など染織に表される植物模様の変遷、江戸の変化アサガオの遺伝学的考察をはじめ、花と昆虫、万葉集、韓国の花紋、芸能など、花と形をめぐる論文集。

●A5判●364頁●定価　本体2600円+税

美の匠たち

◆佐藤徹郎　梅村晴峰＝序

伊万里・有田焼・博多人形・熊野筆・山中漆器・京鹿子絞……男性優位の工芸の世界に風穴を開けた女性たち二一人の「人と作品」に迫る。カラー多数。

●A5判上製●240頁●定価　本体2800円+税